中共海南省委党校
（省行政学院、省社会主义学院）资助出版

中共海南省委党校（省行政学院、省社会主义学院）资助出版

海南
海神信仰文化研究

HAINAN HAISHEN XINYANG WENHUA YANJIU

◉ 宋可玉　李一鸣 ／著

知识产权出版社
全国百佳图书出版单位

图书在版编目（CIP）数据

海南海神信仰文化研究/宋可玉，李一鸣著．—北京：知识产权出版社，2017.12
ISBN 978-7-5130-5367-9

Ⅰ.①海… Ⅱ.①宋…②李… Ⅲ.①神—信仰—文化研究—海南 Ⅳ.①B933

中国版本图书馆 CIP 数据核字（2017）第 318174 号

内容提要

本书是国内第一部较为全面系统论述海南海神信仰文化的学术专著。海南海神信仰具有悠久的历史传统，千年来绵延承续，成为海南历史文化传统的重要组成部分，在海南历史文化传承与发展中扮演了极其重要的角色。本书以海南海神信仰文化为研究对象，对海南海神信仰的历史发展演变进行史学整理与分析，并对海神信仰现状分布作实地调研，在此基础上对海南涉海神灵结构体系与特点、海南海神信仰与海南海洋贸易、海洋渔业、海洋移民的关系进行必要分析和整理，并强调海南海神信仰文化对于构建和维系社会和谐具有积极的作用。

责任编辑： 兰　涛	**责任校对：** 谷　洋
封面设计： 郑　重	**责任出版：** 刘译文

海南海神信仰文化研究

宋可玉　李一鸣　著

出版发行：	知识产权出版社有限责任公司	网　　址：	http://www.ipph.cn
社　　址：	北京市海淀区气象路50号院	邮　　编：	100081
责编电话：	010-82000860 转 8325	责编邮箱：	lantao@cnipr.com
发行电话：	010-82000860 转 8101/8102	发行传真：	010-82000893/82005070/82000270
印　　刷：	北京嘉恒彩色印刷有限责任公司	经　　销：	各大网上书店、新华书店及相关专业书店
开　　本：	787mm×1092mm　1/16	印　　张：	13
版　　次：	2018年1月第1版	印　　次：	2018年1月第1次印刷
字　　数：	150 千字	定　　价：	59.00元

ISBN 978-7-5130-5367-9

出版权专有　侵权必究
如有印装质量问题，本社负责调换。

目 录

绪 言 ·· 1
 一、研究选题意义 ·· 2
 二、研究对象与内容 ·· 5
 三、研究目的 ··· 8

第一章　海南海神信仰的历史发展演变 ························· 11
 一、萌芽：先秦及秦代时期 ····································· 11
 二、发展：两汉至唐宋时期 ····································· 21
 三、兴盛：元明清时期 ·· 30
 四、走向衰落与开始复兴：近现代以来至今 ·········· 42

第二章　海南海神信仰的现状分布 ································ 45
 一、祀奉海神庙宇之分布 ·· 46
 二、崇拜海神信众之分析 ·· 76
 三、日常信仰活动之概述 ·· 82

第三章　海南海神结构体系与特点分析 …………………… 86
　　一、海南海洋神灵的结构体系 ………………………… 87
　　二、海南海神信仰的特点分析 ………………………… 97

第四章　海南海神信仰与海洋贸易 …………………… 101
　　一、海南海洋贸易概况 ………………………………… 101
　　二、海上航行诸神与海神祭祀 ………………………… 104
　　三、海南海神信仰与"海上丝绸之路":
　　　　以妈祖信仰为例 …………………………………… 109

第五章　海南海神信仰与海洋渔业 …………………… 129
　　一、海南古代海洋渔业发展概述 ……………………… 129
　　二、海南渔民的海神信仰与祭祀 ……………………… 136
　　三、海南疍民的海神信仰与祭祀 ……………………… 140

第六章　海南海神信仰与海洋移民 …………………… 147
　　一、概述海南岛历史上的移民潮流 …………………… 147
　　二、海南岛移民潮流与海神信仰的传播 ……………… 155
　　三、海南人民"下南洋"与海神信仰的向外传播 …… 161

第七章　余论:海南海神信仰与建设和谐社会 ……… 167
　　一、促进社会和谐与团结稳定 ………………………… 167
　　二、推动文化传承创新和旅游经济发展 ……………… 168
　　三、增进国际文化交流与维护国家统一 ……………… 169

主要参考文献 …………………………………………… 171

附录1 民间信仰文化的保护与开发 …………………… 173
　一、海南冼夫人崇拜概述 …………………………… 173
　二、民间信仰文化的保护 …………………………… 176
　三、民间信仰文化的开发 …………………………… 181

附录2 海南省宗教旅游资源开发现状分析及对策 …… 185
　一、海南省宗教旅游资源概况 ……………………… 185
　二、海南省宗教旅游的现状及特点 ………………… 187
　三、海南省宗教旅游中存在的问题 ………………… 189
　四、对海南宗教旅游中存在问题的原因分析 ……… 191
　五、对海南省宗教旅游可持续发展的建议 ………… 194

绪 言

  海南岛犹如一颗耀眼的明珠镶嵌在中国南海之上。早在1万年前，海南先民就已经在岛上生活栖居，人们滨海而居，面朝大海，以海为田，耕海为生，海洋因素深深地渗入到其文化生活之中，海南历史文化因此而具有鲜明而独特的海洋文化色彩，逐渐形成了悠久的海神信仰崇拜习俗。妈祖崇拜、水尾圣娘崇拜、海龙王崇拜、108兄弟公崇拜、伏波将军崇拜，等等，海南海神信仰文化不仅历史源远流长，而且往往是独具特色而又丰富多彩。时至今日，在海南人民的日常生活之中，仍然能够见到海神文化的深刻影响。而海南的海神文化也随着海南人民的足迹，传播至海外许多国家，只要是海南人足迹所至之处，几乎都能看到海南海神信仰文化的历史遗存或者是当代状况。海神信仰文化成为海南人民的重要文化符号，也是海南文化的重要表现形态之一。

  然而在一段时期以来，由于对民间信仰和民间文化的认识误区，许多人将包括海神信仰习俗在内的民间信仰文化视为落后的、迷信的、世俗的文化，以致一些海神庙宇、海神塑像均遭到一定程度的损毁，许多海神信仰活动也被予以禁止，也导致了大量的涉海民间信仰文化长期以来没有得到应有的重视、系统整理和研究分析。20

世纪 80 年代以来，在"实事求是"和"解放思想"的时代潮流之下，民间信仰活动开始得以逐渐恢复，民间信仰文化研究也得以重新开展。特别是新世纪以来，相关研究进一步深入，这也为我们进行具有海南地域特色的海神信仰文化研究提供了极大的便利。

一、研究选题意义

新世纪以来，由于海洋的全球战略地位不断提升，海洋文化的研究日渐成为当前的热潮，海南因其特殊的海岛地理、辽阔的海洋面积，以及与东南亚接壤的重要区域位置，而成为中国海洋事业发展的重点和热点，海南海洋文化的研究也成为研究的热点。司徒尚纪先生以为："在经济全球化背景下，以海为商南海商业文化已获得新发展机遇。特别是 2001 年中国加入 WTO，海洋将更加开放，市场竞争将会进一步加剧，商业贸易将以全球为大市场开展。……改革开放促进中西文化大交流、大碰撞、大融合和大整合，南海海洋文化由此经过蜕变、新生，集聚了巨大的文化势能，形成对外倾泻态势。"[1] 应当说，海南海神信仰文化作为南海海洋文化的一个部分，也在这种交流、碰撞、融合之下，呈现出新的面貌，凸显了新的价值，并且有待于我们继续发掘其内在的价值。

海南省地处中国最南端，以海南岛为所辖陆地主体部分，陆地面积并不算大，四面临海，所辖海洋面积却颇为广阔，往北以琼州海峡与广东隔海相望，往西以北部湾与越南海域相接，往东与台湾

---

[1] 司徒尚纪. 中国南海海洋文化 [M]. 广州：中山大学出版社，2009：60–61.

地区同属南海领域远远对望，往东南和南方则以南海与菲律宾、文莱、马来西亚、印尼为邻。海南居民自古以来主要居住在海南岛，多数居民都是生活在沿海地区，周边小岛适宜生活者少，多以渔期居住、过路休息为主。海南岛上的居民尤其是沿海地区的居民，其生产、生活、交通往来都与海洋密不可分，其历史与文化均被深深地打上了"海洋"的烙印。在论及海洋文化与海南文化之关系时，陈智勇先生指出："海南海洋文化为海南文化的发展提供了源源不断的资源支持和强大推动力。几千年来，在海南岛这个热带海洋岛屿上积累了丰厚的海南文化。海南文化发展到今天，离不开海南海洋文化的富集与充实。例如，海南文化中丰厚的历史文化积淀，有相当部分来源于海南海洋的人文历史成分。又如海南文化中富于进取和开放的新鲜气息和开拓精神，正是来源于海南海洋那浩瀚壮观、自由奔放的自然天性。再如海南文化中包罗万象的包容精神，则来源于海南海洋那浩瀚无边的海洋景观，以及热带海岛源源不断的海洋移民波动潮。再如今天海南文化中日渐火爆的海南旅游文化，更是离不开海南蓝天碧海、椰风海韵所赋予的独特的海洋旅游景观的强力支持。"❶

海南海神信仰文化的产生与发展，无不是渊源于千百年来海南人民与海洋相斗争、相共存的历史情况，换言之，海神信仰文化正是海南人民认识海洋、尊重海洋、利用海洋、珍惜与保护海洋的重要文化见证。了解海南人民与海洋之间的历史，理解海南海洋文化所独具的特征与内涵，离不开对海南海神信仰文化的探寻与挖掘。

---

❶ 陈智勇. 海南海洋文化 [M]. 海口：南方出版社，2008：9.

海南海神信仰文化不仅是海南海洋文化的一部分，而且是其重要组成部分，可以从深层次解释海南海洋文化的精神特征和气质禀赋。海南海神信仰作为一种宗教文化，与海南沿海社会文化之间有着紧密的内在的联系。西方宗教文化学家克里斯托弗·道森提出"宗教是历史的钥匙"❶，在西方社会近代以前，宗教长期以来是文化的主宰，宗教中的精神信念、价值观念被内化为社会和个人的生活准则。在古代海南，海神信仰虽然没有占据宗教信仰的全体，因为沿海居民同样还有着与陆地生活相关的神灵信仰，但是海神信仰同样深入到了社会生活的方方面面，对当地文化的形成与发展产生了巨大的影响。海南海神信仰文化在当代社会依然具有蓬勃的生命力，与海南沿海地区居民的生产生活、传统习俗仍然紧密相连，与海南侨民的故土情结紧密相连，海神信仰文化中的妈祖信仰、冼夫人信仰已经成为海南的一张张"文化标签"，成为海南与国内外进行文化交流的平台之一。深入发掘海南海神信仰文化对于展示海神信仰文化在当代的社会意义与现实价值具有重要的意义。

同时，中国传统文化尤其是非物质文化遗产的价值得到越来越多的认可和重视，海神信仰作为海洋文化的组成部分，作为非物质文化遗产的重要部分，它的独特的社会文化经济价值也得到了认同。海南的"天后祀奉"被列入国家级非物质文化遗产项目名录，琼海市的"祭祀兄弟公出海仪式"则被列入海南省省级非物质文化遗产代表性名录；同时，大量的涉及海神信仰的庙宇、文化遗址和遗存、

---

❶ 克里斯托弗·道森. 宗教与西方文化的兴起 [M]. 成都：四川人民出版社，1989：5.

海神塑像等均被列入各级文化保护单位。故此,不管是物质文化保护,还是非物质文化保护,都亟须在文化渊源与文化精神上,对海南海神信仰文化的历史与现状进行必要的梳理与研究。

更为重要的是,在南海诸岛中,至今留下了包括海南渔民在内的中国人民在南海经略开发的重要历史文化遗存,其中就包括海南渔民所建的大量涉及海神信仰的大小石庙。据学者研究论述:"目前,南沙群岛有据可查的庙宇史迹,共有太平岛(中国台湾管辖)、中业岛(菲律宾侵占)、南子岛(菲律宾侵占)、北子岛(菲律宾侵占)、西月岛(菲律宾侵占)、马欢岛(菲律宾侵占)、南威岛(越南侵占)、南钥岛(越南侵占)、奈罗礁(越南侵占)、鸿庥岛(越南侵占)等岛屿。"❶ 而据郝思德《南海文物》所附录"西沙群岛珊瑚石小庙登记表",在西沙群岛的琛航岛、和五岛、北岛、广金岛、甘泉岛等岛屿上有渔民所建立的大小石庙14座,其中大多用珊瑚石所砌成,有的还祭祀有神像❷。这些都是中国渔民、特别是海南渔民经略海南的重要物证。故此,对南海诸岛的石庙及其信仰历史文化进行必要的研究,对于展示和梳理中国人民开发南海诸岛的历史、维护国家主权和权益也具有重要的意义。

二、研究对象与内容

本书在研究对象上,其关键词是"海神信仰",乃是以海神信仰

---

❶ 陈进国. 南海诸岛庙宇史迹及其变迁辨析[J]. 世界宗教文化, 2015 (5).
❷ 郝思德. 南海文物[M]. 海口: 南方出版社, 2008: 181 – 182.

文化为研究对象，即包括了涉及海洋神灵的崇拜、信仰活动及其相关的社会活动；同时在研究范围上限定为对海南省所辖地区，即包括海南岛以及南海地区诸岛上，自古以来海南人民活动范围内的海神信仰文化之梳理和研究。当然，也适当地拓宽为对海外的海南籍华人华侨之海神信仰。曲金良先生主编的《海洋文化概论》以为："海神是涉海的民众想象出来掌管海事的神灵。"❶ 海神在本质上具有虚构的特征。但是，本书所论及的海神信仰，并不是特指信仰掌管海事的神灵，如四海海神、海龙王、妈祖等，而是泛指对涉海的神灵或神物的信仰，它是涉海民众在涉海生活中将海洋观念的一种超自然、超社会力量的外化活动，它的来源和组成成分非常复杂，它既包括了对掌管海事的神灵的信仰，也有对虽未有掌管海事职能但是具有超自然力量对人涉海的生产、生活具有影响力的神灵或神物的信仰。毋庸置疑的是："海神信仰是一种复杂的文化现象。不同时代的海神虽明显具有原始宗教、宗教以及民间迷信的浓厚色彩，但也折射着不同时代的涉海者们渴望开发利用海洋、征服海洋的殷殷期盼。人们创造了形形色色的海神加以顶礼膜拜，并不是为了远离大海，而是希冀借助所信奉的海神的超自然神力来亲近大海，来驾驭利用大海。"❷ 故此，我们在考察海南海神信仰的过程中，最令人关注和动容的，倒不是人们在虔诚膜拜海神的"迷信"，而是他们在长期与海洋打交道、向海洋进发中的昂扬的积极斗争精神。

同时值得注意的是，在本书中所使用的"海神"这一概念，我

---

❶ 曲金良. 海洋文化概论 [M]. 青岛：中国海洋大学出版社，1999：143.
❷ 曲金良. 海洋文化概论 [M]. 青岛：中国海洋大学出版社，1999：151.

们强调其为泛指在人们的日常经济社会生活中，与海洋生产、生活、交通等相关的所信仰的神灵。特别是在民间有许多的神灵，在中国大陆、内陆地区，是作为一般陆地神灵、湖河水神灵来予以崇拜，但是在海南地区却有所转变，成为具有海洋信仰性质的神灵。如关公信仰，在大陆地区的关公信仰一般与海洋无涉，但是在海南海口地区，特别是海甸岛诸沿海村落，都是将之作为海洋神灵予以崇拜，渔民在出海捕鱼、乘船远行之前都会前往村里关公庙等庙内焚香祭祀，祈祷在海上出入平安，具有较为明显的海洋信仰性质。同时，海南岛沿海渔民也多在其渔船上设立关公等神位，祭祀以及祈祷捕鱼丰收和航行平安。又如伏波将军信仰，在中国内地的很多地区也有伏波将军崇拜信仰，但是一般与海洋没有关涉，而在沿海地区，特别是在海南岛，则是具有较为明显的海神信仰特征。

在研究内容上，本书除"绪言"外主要分为七章。第一章"海南海神信仰的历史发展演变"，主要论述先秦及秦代时期，经两汉至唐宋以及元、明、清时期，直到近、现代以来海南海神信仰文化的历史，以所崇拜信仰的海神论述为主体，试图初步勾勒出海南海神信仰文化发展的历史。第二章"海南海神信仰的现状分布"，对当前海南岛以及海南省所辖南海诸岛所祀奉海神庙宇之分布做一简要论述，并对崇拜海神信众和日常信仰活动等进行必要的分析论述。第三章"海南海神结构体系与特点分析"，主要是针对海南海洋神灵的结构体系、海南海神信仰的特点等予以分析。第四章"海南海神信仰与海洋贸易"，在论述海南海洋贸易概况的基础上，初步分析海上航行诸神与海神祭祀的关系，并以海南妈祖信仰为例，阐述海南海神信仰与"海上丝绸之路"的渊源与关联。第五章"海南海神信仰与海洋渔业",概述海南古代海洋渔业发展,并对海南渔民和海南疍民的海神信仰与祭祀进行必要的分析。第六章"海南海神信仰与海洋移民",重点阐述海南岛移民潮流与海神信仰的传播,以及海南人民"下南洋"与海神信仰的向外传播。第七章"余论:海南海神信仰与建设和谐社会",提出海神信仰文化可以促进社会和谐与团结稳定,推动文化传承创新与旅游经济发展,增进国际文化交流与维护国家统一。

三、研究目的

我们希望此书能够达到如下四个方面的目标。

第一,讲述海南海神信仰的历史和现状,丰富海南海洋文化和历史文化、民俗文化的研究成果,有助于海洋人文科学的建设,拓展海南历史研究的空间,填补海南海神信仰研究的不足。据三亚落笔洞古人类文化遗址的考古发掘显示,至少在1万年之前,就有人类在海南岛生活栖居,进行生产活动。虽然在海南岛生活的人们在其开始未必就一定有海神信仰活动,但是在长期与海洋为伴的生产生活中,先民们应当很早就产生了海神信仰;而龙蛇崇拜、雷神崇拜等,或可以作为原始人类海神信仰活动的文化孑遗。先秦两汉以来,各种文献记载开始注意到海南海神信仰的相关信息,这也成为我们研究海南海神信仰历史文化的重要资源。本书将海南海神信仰的历史粗略地划分为萌芽、发展、兴盛、走向衰落与开始复兴等四个阶段,并大概地区分出其历史时期,对海南海神信仰的历史及其文化特征进行了必要的梳理和研究。

绪 言

第二，重新认识海南海神信仰作为一种非物质文化遗产的价值和现状，以便于保护和开发政策的制定与实施。海神信仰信俗作为海南历史文化和民间文化的重要组成部分，不仅对于学习与认识海南历史和文化具有重要意义，而且其作为当前民间文化的一部分，也是发掘民间文化的积极因素，开展文化保护的重要途径。如随着海口中山路的天后宫被列入文物保护单位和"天后祀奉"先后被列为海南省省级非物质文化遗产代表性名录和国家级非物质文化遗产项目名录，天后宫得以较好地进行了修缮，民众的祭祀信奉活动有序开展，海南妈祖信仰活动对外交流和影响力也逐步扩大，日益发挥着较为积极的社会作用。

第三，有助于我们树立新的海洋观念和海洋意识，重新审视我们的海洋认识和开发方向。"社会的不断进步，使人们认知和利用海洋能力深入，特别是海洋价值对人类可持续发展的影响，也促使海洋信仰的作用出现新的变化，其中最明显地表现在文化形态和文化价值的多样性，与经济、社会、文化和生态等活动越来越多地融合，海洋信仰的心理价值更多地向文化价值功能转化。"[1] 海洋信仰文化价值功能的转化，也将极大地促进对于海洋的认识、开发和保护。

第四，对海南海神信仰的社会功能研究还有助于更好地构建和维系和谐社会的有序、健康的发展。有论者指出："我国传统民间信仰同各大宗教一样普遍具有崇仁尚善济世养民的情怀，如推崇仁爱、贵生、行善、勤俭、助人、诚信、利他等思想，而且特别强调万物

---

[1] 时平. 海洋信仰的传统与文化价值的多样性[C]//中国民间海洋信仰研究. 北京：海洋出版社，2013：1.

有灵、敬天法祖、和谐共生等传统文化观念。显然,传统民间信仰中所内含的这些生态伦理思想和道德主张在今天依然具有其积极意义,无论是对于民众的教化还是社会的建设都是一份值得珍重的文化资源。"[1] 海南海神信仰作为民间信仰的一部分,既蕴含着丰富的优秀传统文化基因,同时在当代社会仍然具有积极的社会作用。当前,学术界、思想界无不强调要弘扬中华优秀传统文化,要从传统文化中汲取优秀的文化因子,民间信仰文化未尝不是值得继承和弘扬的重要部分。

---

[1] 张祝平. 中国民间信仰的当代变迁与社会适应研究 [M]. 北京:中国社会科学出版社,2014:142.

第一章 海南海神信仰的历史发展演变

海南海神信仰具有悠久的历史传统，数千年来绵延承续，成为海南历史文化传统的重要组成部分，在海南历史文化传承与发展中扮演了极其重要的角色。但由于海神信仰作为一种具有地域性特征的民间宗教信仰类型，长期以来在官方与民间并存，而且其自身系统具有较强的复杂性，因此我们很难对其历史发展做出准确统一的划分。但为了较为全面地理解海南海神信仰的发展与演变，我们根据海神信仰崇拜主要种类的产生和发展，试将海南海神信仰的历史粗略地划分为萌芽、发展、兴盛、走向衰落与开始复兴等四个阶段，并大概地区分出其历史时期。

一、萌芽：先秦及秦代时期

海南海神信仰的萌芽，可以说与最早生活在海南岛的居民来源问题密切相关。

据三亚落笔洞古人类文化遗址考古发现❶，早在1万年前左右就有人类在海南岛上生活栖居，他们的"经济生活以狩猎、捕捞和采集为主"，因为"在洞穴遗存的堆积物中，发现了大量的水生软体动物遗骸，堆积十分密集。水生动物计有7目24种，其中各类螺壳约有七万个之多"，"当时的人们重视对水生动物的利用，捕捞经济比较兴旺发达"❷。由此也可以知道，生活在海南岛上的人民自其诞生之时开始，其命运就与大海密不可分。新旧石器时代、史前原始社会的宗教信仰情况，我们自然难以考证，但从这一堆堆的贝丘遗迹中，或许可以想象原始时代的古人们在大海边燃起篝火，烧烤或煮食来自大海的食物，他们面对大海的期望与畅想，对神秘而伟大的海洋的敬畏与崇拜。

黑格尔曾指出：海洋"它表面上看来是十分无邪、驯服、和蔼、可亲；然而正是这种驯服的性质，将海洋变做了最危险、最激烈的元素。人类仅仅靠着一叶扁舟，来对付这种欺诈和暴力；他所以靠的完全是他的勇敢和沉着"❸。所以，世界上各地的向海而生的民族，一方面以坚强的意志，不断向海洋讨取物质生活的物资，以维持人类自身的延续与繁衍；另一方面人类却不得不屈从于具有无比强大力量的海洋，在神秘而伟大的海洋面前，人类的力量似乎显得过于平庸和渺小。在面对"最危险、最激烈"的海洋的时候，人类除了依靠自

---

❶ 落笔洞古人类文化遗址，亦称作三亚人遗址。它位于海南岛南部三亚市荔枝沟良机坑坡落笔洞，是"旧石器时代（距今约250万年~距今约1万年）晚期至新石器时代（距今约1.4万年~距今约8000年）早期人类的洞穴文化遗存，海南岛迄今发现的最早人类活动遗址。"参见：海南百科全书［M］. 北京：中国大百科全书出版社，1999：

❷ 郝思德. 三亚落笔洞洞穴遗址文化初探［J］. 南方文物，1997（1）.

❸ ［德］黑格尔. 历史哲学［M］. 王造时，译. 北京：生活·读书·新知三联书店，1956：135.

己的勇敢和沉着，同时往往选择信仰的力量，期望海洋神灵能够庇佑自己。正是在这一过程中，世界各民族产生了丰富多彩的海神信仰。海南海神信仰文化，也正是在这一背景下产生和萌芽。

（一）龙蛇神崇拜

关于海南岛原始居民到底从何而来，学术界素有争论，一时莫衷一是。一种观点是海南岛部分原始居民来源于东南亚。德国学者H·史图博曾于1931—1932年来到海南岛做民族学考察，著有《海南岛民族志》，原著为德文《海南岛的黎族——为华南民族学研究而作》(《Die Li-Stämme der Insel Hainan unter Mitwirkung Von Meriggi, Ein Beitrag zur Volkskunde Südchinas》)，中文译本由日文译本而来，史图博的这本著作长期以来被国外认为是研究海南黎族的权威。史图博考察了黎族四个支系（本地黎、美孚黎、岐黎、侾黎）之间的区别，认为这四个支系并不是同一个起源，本地黎的来源未知，而其他三个支系则是受几个相继而来的移民潮影响而形成的。通过对岛内黎族的分布情况、各支系的祖传说法、各支系的农业生产方式、生活习俗、宗教信仰、服装、语言等各方面进行考察，他认为后三个支系不是从地理位置更近的雷州半岛而来，而是从东南亚而来，与东南亚各民族（如印度尼西亚的古代马来民族、泰国的泰族、缅甸的克钦族、苏门答腊的答达族等）之间存在许多相似之处。他在其著述中写道："这些迁移到海南岛的民族，很明显是由阿乌斯兹罗尼西亚（马来亚）和傣族这两种要素组成的（如果这两者的混血不是在陆地上已经进行了的话）。"[1] 国内亦因此有学者认为："作为海

---

[1] [德] 史图博. 海南岛民族志 [M]. 王学萍，编. 中国科学院广东民族研究所，内部参考资料，2001：341.

南最早的移民和开发先驱,来自大陆或可能来自南洋群岛的先人,陆续登上这块岛屿的南北海岸,沿各大河流上溯岛内各地,留下了活动地域广泛的各类遗址。"❶

还有一种观点认为,海南岛原始居民来源于大陆古越族。持这种观点的学者从考古发现对比研究、民间宗教信仰文化等角度,论证海南岛的最初移民是来自大陆的"古越人",而不是从南洋北渡进入海南岛。

在考古发现对比研究方面,海南考古学者郝思德将落笔洞遗址与广西柳州白莲洞、广东阳春独石仔和封开黄岩洞等地遗址进行对比研究后发现,从总体面貌上来看,落笔洞遗址与岭南地区的这几处洞穴遗存"在基本文化内涵上十分相近,故存在着较多相同或相近的文化因素",这也就可能表明它们"存有直接的联系,当属同一个文化系统,即岭南地区砾石石器文化范畴",而且"落笔洞当在不同程度上先后与岭南地区这类洞穴遗址进行了接触和联系,产生了文化上的来往,其相互之间的交流和影响是多元化的"❷。这就从考古发掘的文化对比研究角度,对海南岛原始居民与大陆岭南地区居民的文化相似性予以展示,揭示出海南岛与大陆地区民族、文化的共通性。

著名学者司徒尚纪则从体质人类学、考古发现、文化人类学等多个层面论证海南黎族和台湾原住民族都是古越族后裔,并同时也解释了海南岛原始居民的来源问题❸。特别是在图腾崇拜方面,他认

---

❶ 王哲. 海南的移民 [J]. 特区瞭望, 2002 (3).
❷ 郝思德. 三亚落笔洞洞穴遗址文化初探 [J]. 南方文物, 1997 (1).
❸ 司徒尚纪, 许桂灵. 海南黎族与台湾原住民族都是古越族后裔 [J]. 寻根, 2004 (2).

为古越人以龙蛇作为主要的祖先图腾，对其崇拜有加，并且随着古越人的流徙，龙蛇崇拜文化转移传播到各地❶。而在海南岛，同样也是有着较为久远的龙蛇崇拜的传统，因此，我们也有理由将早期生活在海南岛古人的龙蛇崇拜视为海南海神信仰的萌芽。

南宋王象之《舆地纪胜》引北宋刘谊《平黎策》云："故老相传，雷摄一蛇卵，在此山中生一女，号为黎母。食山果为粮，巢林木为居。岁久，因致交趾之蛮过海采香，因与之结婚，子孙众多，方开山种粮。"❷ 在清代陆次云《峒谿纤志》卷上亦有类似的记载："黎人生儋、崖、琼、万之间，即岛人也。相传太古之时，雷摄一卵至山中，遂生一女，岁久，有交趾蛮过海采香者，与之相合，遂生之女，是为黎人之祖。因其山曰黎母山，黎人环山而处，内为生黎，外为熟黎。"❸ 以上两则，都是以神话传说的方式，来说明黎族祖先起源，他们将蛇作为祖先图腾予以崇拜信仰，而至今仍然有一些黎族地区禁食蛇肉，保持了传统的对于龙蛇的图腾信仰。如在乐东黎族自治县志仲乡保雅村至今流传有"蚺蛇公"的传说，当地的董姓黎族把蚺蛇视为祖先，族人一律不得食用蚺蛇；此外，"三亚市天涯镇槟榔村的哈方言地区黎族中王姓的人认为他们的祖先很贫苦，种山栏时常常把小孩子放在近旁的大树下。孩子饿得嗷嗷大哭时，附近的一条大蛇就用涎水喂养孩子。孩子的父母很感激大蛇，为了报答大蛇之恩，从此世代戒吃蛇肉"❹。而这些例子或可以说明海南古

---

❶ 司徒尚纪. 中国南海海洋文化史 [M]. 广州：广东经济出版社，2013：45-48.
❷ [宋] 王象之. 舆地纪胜 [M]. 影印本. 北京：中华书局，1992：3562.
❸ [清] 陆次云. 峒谿纤志 [M]. 影印本. 北京：中华书局，1985：10.
❹ 詹贤武. 海南民间禁忌文化 [M]. 海口：海南出版社，2008：327-328.

人曾将蛇作为神圣之物予以崇拜,当作是自己的祖先和人类的保护神。

由此观之,可以得出的结论是:生活在海南岛上的原始居民最先是由古越民族迁徙而来。陈立浩等人亦认为:"百越民族的稻作、纺织、儋耳、文身、铜鼓铜锣和干栏建筑等物质文化都是百越文化的重要特征。百越文化在黎族地区的遗存和传播,在新中国成立前就大量存在于黎族社会中。"❶ 他们还认为:稻作文化、纺织文化、儋耳文化、文身文化、铜锣铜鼓文化、干栏建筑文化等百越文化在黎族地区的传承,"从多方面印证了黎族与百越民族的历史渊源关系"。古越人本身是临水而居,有着龙蛇图腾崇拜。他们将这种崇拜信仰带到海南岛,由此龙蛇崇拜也就成为海南海神信仰的萌芽。此时,龙蛇都虽然不是"神",也不是"海神",但是作为信仰崇拜的图腾,既被古人当作是祖先,同时又是庇护自己的神圣存在。

(二) 雷神崇拜

海南岛地处热带北缘,属于热带季风气候,且多热雷雨,在沿海地区和海面上雷电现象也较为常见。雷电现象与海岛和海洋环境密切相关,因此自古以来,生活在海南岛的人们对于雷电等自然现象也是作为神灵予以崇拜,其中突出地表现为雷神崇拜。如在上述的刘谊《平黎策》和陆次云《峒谿纤志》两则关于黎族祖先的传说中,即认为是"雷摄蛇卵",至于山中,然后才有黎母出生,都是将雷神作为黎族祖先来源的自然神灵予以崇拜。

---

❶ 陈立浩,高泽强. 中国黎族概说 [C] //中国黎族大观:历史卷. 海口:海南出版社,2012:17 - 18.

第一章｜海南海神信仰的历史发展演变

与海南岛隔海相望的雷州半岛，对于雷神更是崇拜有加。"雷州春日无日无雷"，雷州半岛即因此而得名。据宣统《海康县续志》："雷出万物出，雷入万物入，入然除弊，出然其利"，所以人们对于雷神"畏敬甚谨慎，每具酒肴奠焉"，"或有疾即扫虚室，设酒食，鼓吹幡盖，迎雷于数十里外，即归屠牛豕以祭"❶。而据正德《琼台志》载："在西厢下田村"有民间祭祀雷神的雷庙，为元朝时候所立。"其神，相传昔乡有林姓者，正直刚方，平居闻雷声，自谓使己为雷，须殄灭恶辈。里中尝于星月下见其白衣乘马，从者引烛游导，乃庙祠之。岁旱、瘟疫，祷之多应。"❷ 即是说人们平时对于雷神惧怕有加，但是雷神又可以惩奸除恶、降雨抗旱和抵御瘟疫等功能，因此人们对雷神予以崇拜。

时至如今，在黎族地区仍然保留着雷公（神）崇拜的传统。据民俗学者分析，黎族崇拜和惧怕雷神有两个方面的原因："一方面是崇拜雷公，认为雨水是雷公给的，有雨庄稼就长得好。……所以，每逢天旱之时，黎家人常常敲打蛙锣，杀牛宰猪祭雷公，以求雷公施雨。另一方面黎家人又把肤色发黄、浑身发抖的病人都归于雷公鬼作祟。每逢这种情况，黎家人就要杀猪宰羊，敲锣打鼓，请道公祭祀雷公鬼，用一种名叫雷公藤的藤类植物围挂在病人屋内外的四周，同时缠在病人的身上，然后由道公伴着锣鼓的响声一边念咒语，一边摇动藤圈，表示已经用雷公藤圈走了雷公鬼，病人的灾难很快便会解除。"❸ 黎族的雷公崇拜可以说是先秦时期雷神崇拜的延续和背影。

---

❶ 司徒尚纪.中国南海海洋文化［M］.广州：中山大学出版社，2009：163.
❷ ［明］唐胄.（正德）琼台志［M］.海口：海南出版社，2006：538.
❸ 詹贤武.海南民间禁忌文化［M］.海口：海南出版社，2008：281.

（三）南海神崇拜

在先秦典籍《庄子》《山海经》等文献中，均有关于海洋神灵，特别是四海之神的记载。因为自古以来，中国古人就有着"四海"的观念，中国位居其中，"中国"也因此而得名。虽然其中"四海"的具体地理位置并不可考，而且与今天我国的东海、南海等也不是一一对应，但是也间接地反映出远古时代以至先秦时期，人们对于海洋神灵信仰的粗略情况。

在《庄子·应帝王》中就提到："南海之帝为儵，北海之帝为忽，中央之帝为混沌。"❶ 从庄子的文中看来，南海、北海和中央均有其负责掌管的神灵，其中掌管南海的神灵就叫作"儵"，意谓速度极其迅疾。《吕氏春秋·决胜》也说"倏忽往来，而莫知其方"，南海和北海的两位海神作为神话中的形象，莫知形象，其行迹也迅疾不可知晓。而这位"儵"也可以称得上是"中国南海最原始、最古老的的一位海神"❷。

在《山海经》的"大荒经"和"海外经"两部分都有提到"四海（方）之神"。其中"大荒经"说："东海之渚中，有神，人面鸟身，珥两黄蛇，践两黄蛇，名曰禺䝞。黄帝生禺䝞，禺䝞生禺京。禺京处北海，禺䝞处东海，是惟海神。"❸ "南海渚中，有神，人面，珥两青蛇，践两赤蛇，曰不廷胡余。"❹ "西海堵中，有神，人面鸟

---

❶ 方勇，译注．庄子 [M]．北京：中华书局，2010：132.
❷ 司徒尚纪．中国南海海洋文化史 [M]．广州：广东经济出版社，2013：85.
❸ 袁珂，校注．山海经校注 [M]．上海：上海古籍出版社，1980：350.
❹ 袁珂，校注．山海经校注 [M]．上海：上海古籍出版社，1980：370.

身，珥两青蛇，践两赤蛇，名曰弇兹。"❶ "北海之渚中，有神，人面鸟身，珥两青蛇，践两赤蛇，名曰禺强。"❷ 掌管东海、南海、西海和北海等四海的海神神灵分别是"禺䝞""不廷胡余""弇兹"和"禺强"。他们的形象基本相似，都是人面鸟身，耳上挂两条蛇，脚上还踏两条蛇，只是东海之神"珥两黄蛇，践两黄蛇"，与其他三位海神"珥两青蛇，践两赤蛇"在颜色上稍异。此外，值得注意的是，在上述《山海经》"北海之渚中"文前一段，是为："有儋耳之国，任姓，禺號子，食穀。"对此，郭璞注云："其人耳大下儋，垂在肩上，朱崖儋耳，镂画其耳，亦以放之也。"❸ 意谓在海南岛的朱崖、儋耳地区，人们耳长垂至肩上，且耳上还有文身。这与自古流传至今的海南黎族人民的文身习俗相合。这里所称儋耳之国的"任姓"是"禺號子"，"禺號"即被称作是东海之神的"禺䝞"，是黄帝之子。可知儋耳之国的"任姓"是黄帝的后裔。

而在"海外经"中，对东、西、南、北四个方位的神灵有了新的称谓："南祝融，兽身人面，乘两龙。"❹ "西方蓐收，左耳有蛇，乘两龙。"❺ "北方禺强，人面鸟身，珥两青蛇。践两青蛇。"❻ "东方句芒，鸟身人面，乘两龙。"❼ 这里除了"北方之神"与"大荒经"所述北海之神"禺强"名称相同，且都是"人面鸟身"，耳挂两蛇、

---

❶ 袁珂，校注. 山海经校注［M］. 上海：上海古籍出版社，1980：401.
❷ 袁珂，校注. 山海经校注［M］. 上海：上海古籍出版社，1980：425.
❸ 袁珂，校注. 山海经校注［M］. 上海：上海古籍出版社，1980：425.
❹ 袁珂，校注. 山海经校注［M］. 上海：上海古籍出版社，1980：206.
❺ 袁珂，校注. 山海经校注［M］. 上海：上海古籍出版社，1980：227.
❻ 袁珂，校注. 山海经校注［M］. 上海：上海古籍出版社，1980：248.
❼ 袁珂，校注. 山海经校注［M］. 上海：上海古籍出版社，1980：265.

脚踏两蛇（仅仅是脚上所踏之两蛇的颜色不同），南、西、东的神灵名称是不一样的。

在《山海经》所述四方（海）之神，其中南方之神"祝融"一般被理解为"火神"，但是也有被明确地视为海神。如韩愈《南海神庙碑》云："自三代圣王莫不祀事，考于传记，而南海神次最贵，在北东西三神、河伯之上，号为祝融。"❶ 屈大均《广东新语·神语》亦载："祝融者，南海之君也。虞翻云，祝，大也；融，明也。南海为太明之地，其神沐日浴月以开炎天，故曰祝融也。"❷ 又曰："南海之帝实祝融。祝融，火帝也。帝于南岳，又帝于南海者。……四海以南为尊，以天之阳在南焉。故祝融神次最贵，在北东西三帝、河伯之上。"❸ 而据《隋书》卷七"礼仪志二"："开皇十四年（594年）闰十月，诏……东海于会稽县界，南海于南海镇南，并近海立祠。"❹ 这是有文献记载官方立庙祭祀海神的最早记录。这也可以说是官方正式祭祀海神的开始，这也就不难理解"四海之神"的观念自古以来就如此深入人心了。

在海南岛，据道光《广东通志》在琼州府"东南二里"有南宫庙，祭祀"祝融神也"，而且"琼人祠之甚严"❺。

《山海经》等古代文献所表达"四海（方）之神"的观念，由于在形象上都是具有龙、蛇的特征，与海洋和水密切相关。这在很

---

❶ [唐] 韩愈. 南海神庙碑 [C] //韩愈集. 长沙：岳麓书社，2000：348.
❷ [清] 屈大均. 广东新语 [M]. 北京：中华书局，1985：204.
❸ [清] 屈大均. 广东新语 [M]. 北京：中华书局，1985：207.
❹ [唐] 魏征，令狐德棻. 隋书 [M]. 北京：中华书局，1973：140.
❺ [清] 陈昌齐. （道光）广东通志·琼州府 [M]. 海口：海南出版社，2006：456.

大程度上影响了后来的海神龙王信仰的产生。后世的四海龙王信仰，可以说即是融汇了中国古代神话、东传佛教以及道教等多个方面的影响，得以形成。

海南岛位于中国南海的北缘，在文化地缘上也是属于南海文化的范畴。其海神信仰文化的萌芽和发展，自然也包括了南海神灵的信仰，至少是受到南海神信仰的影响。因为缺乏更为明确的文献记载，关于先秦时期海南海神信仰的萌芽阶段，目前也只能从原始居民来源、气候和地理环境因素、地缘文化等几个方面来做初步的探讨。但从内容上来说，这一时期的海南海神信仰主要包括了龙蛇神崇拜、雷神崇拜、南海神崇拜等几个方面。

二、发展：两汉至唐宋时期

公元前214年，已经兼并统一中原六国的秦始皇派军南下平定了南粤地区，随后设置了桂林、象、南海等郡对这些地区进行管辖。当时，海南岛作为象郡的"外徼之地"，也纳入到秦朝的版图之内。西汉元鼎六年（前111年），汉武帝派遣伏波将军路博德、楼船将军杨仆率军前往南粤地区平叛，并最终统一了南越国。次年（前110年），汉朝中央政府正式设置南海、苍梧、珠崖、儋耳等九郡。《汉书·地理志》记载："自合浦、徐闻南入海，得大州，东西南北方千里，武帝元封元年（前110年）略以为儋耳、珠崖郡。"❶ 儋耳郡治所当在今天的儋州市境内；珠崖郡治所瞫都县，

---

❶ ［汉］班固. 汉书［C］//二十五史中的海南. 海口：海南出版社，2006：8.

在今天的海口市境内,这也意味着海南全岛开始正式纳入当时政府的直接管辖区域之内。正是从这一时期开始,不管是官方的正史、民间的野史,还是文人笔记、地方文献,关于海南岛的文献记载也逐渐增多,其中不少就包括了民间信仰,特别是与海神信仰的相关信息。从这些文献记载中抽丝剥茧,可以发现许多反映出海南海神信仰的信息。

（一）伏波将军信仰

在两汉时期,除了西汉的路博德被封为"伏波将军",东汉初期亦有一位更加著名的伏波将军马援。他戎马一生,东征西讨,两次挥师岭南,平定动乱,立下了赫赫战功,并且以"马革裹尸"的壮志豪情影响深著。而自此,生活在不同时代的两位伏波将军均以其军功显赫和宽厚待人,被历代民间当作神灵予以膜拜。

汉代两位伏波将军是否曾登上海南岛,目前学术界尚没有定论。虽然在海南民间流传着许多关于伏波将军登上海南岛开郡拓土的故事,但严肃的史学家一般予以否认。明代的唐胄在撰述正德《琼台志》时即按文:"二伏波虽未至琼,然以开郡复县之功,郡人感而祀之,不止斯二祠。况宋来渡海者,尤专乞佑。"❶ 即谓自宋代以来自徐闻渡海来海南岛者,多有祭祀二伏波将军。马逢皋《新建汉两伏波将军庙记》则云:两伏波将军"皆有功琼州,士民岁时崇祀,历千百年不毁者。皆曰,非邳离远伐、新息苦战,焉得收遐荒为一统,

---

❶ ［明］唐胄.（正德）琼台志［M］.海口:海南出版社,2006:536.

变朴野为文明？琼人思慕焚祀，固其宜也"。❶ 由于他们在岭南地区影响太过煊赫，影响深著，而且海南岛自汉代纳入中央管辖的版籍后，与大陆地区的经济社会交往必然增强，海南人民自然怀念和崇信伏波将军的英灵。今海口市伏波庙、儋州市白马井及伏波庙、东方市汉伏波井等，都可以说是海南人民将两位伏波将军作为神灵予以崇拜信仰的历史见证。

王象之《舆地纪胜》记载："伏波威武庙，即汉两伏波也，乃前汉邳离侯路博德及后汉新息侯马援也。苏文忠谓两汉伏波庙食岭南均也。"❷ 据正德《琼台志》记载："伏波庙，在郡城北六里龙岐村。"❸ 该庙祀汉代路博德、马援两位伏波将军，为宋代始建，自此至清代历经多次修葺，一直是官方祭祀两位伏波将军的场所。正德《琼台志》同时还引用《旧志》云："后汉伏波将军乘白马跑沙得泉，因为井，去海涛才四十五步，其味清甘，乡人于井上立伏波庙。"白马井及伏波庙均在今儋州市，这些都可以反映出海南人民对于伏波将军的纪念与崇拜。

海南人民崇拜、信仰伏波将军，较之内陆地区立庙崇祀伏波将军的一个显著差异是，在海南岛以及广东雷州半岛等沿海地区，主要是将伏波将军作为海洋神灵来崇拜。屈大均《广东新语》记载："以海神渺茫不可知，凡渡海自番禺者，率祀祝融、天妃；自徐闻

---

❶ [清] 吴南杰. （康熙）琼山县志 [M]. 康熙二十六年本. 海口：海南出版社，2006：300.

❷ [宋] 王象之. 舆地纪胜 [M]. 影印本. 北京：中华书局，1992：3573.

❸ [明] 唐胄. （正德）琼台志 [M]. 海口：海南出版社，2006：536.

者，祀二伏波。"❶ 这里即是把两位伏波将军列入海神行列。在岭南沿海地区，流传有"马伏波射波"的传说。相传在廉州海中原有九口巨浪，后经"马伏波射减其六"，故屈大均有《射潮歌》云："后羿射日落其九，伏波射潮减六口。海水至今不敢骄，三口连珠若雷吼。"❷ 其《广东新语》中亦说："伏波祠广东、西处处有之，而新息侯尤威灵。"❸ "新息侯"是指伏波将军马援。

苏轼在《伏波将军庙碑》中也记载自己的渡海经历："自徐闻渡海，适朱崖，南望连山，若有若无，杳杳一发耳。舣舟将济，眩慄丧魄。海上有伏波祠，元丰中诏封忠显王，凡济海者必卜焉。曰：'某日可济乎？'必吉而后敢济。使人信之如度量衡石，必不吾欺者。呜呼，非盛德其孰能然！……四州之人，以徐闻为咽喉。南北之济者，以伏波为指南，事神其敢不恭！"❹ 苏轼碑文中强调当时凡渡海者，无不卜问吉凶，"以伏波为指南"，祭祀也极为恭敬慎重。

海南各地，特别是沿海地区，多有崇奉二伏波将军或伏波将军马援。如《舆地纪胜》载在儋州境内有伏波将军庙，并引《九域志》注云："即马伏波也。"❺ 意谓儋州伏波将军崇祀马伏波将军。在崖州，"伏波祠，在城西。万历甲寅（1614年），副使姚履素建，久废。今衬祀新校场左关帝庙"。❻ 即崖州伏波祠创建于明万历年

---

❶ ［清］屈大均. 广东新语［M］. 北京：中华书局，1985：204.
❷ ［清］梁绍任. 两般秋雨庵随笔［M］. 上海：上海古籍出版社，1982：297.
❸ ［清］屈大均. 广东新语［M］. 北京：中华书局，1985：211.
❹ ［宋］苏轼. 苏轼文集［M］. 长沙：岳麓书社，2000：1290.
❺ ［宋］王象之. 舆地纪胜［M］. 影印本. 北京：中华书局，1992：3597.
❻ ［清］张嶲，等. 崖州志［M］. 广州：广东人民出版社，1983：106.

第一章 | 海南海神信仰的历史发展演变

间，清代时伏波将军祔祀于关帝庙。在澄迈县，在原县东南二里，宋时建有伏波庙，明清时期均有重修或重建。康熙《澄迈县志》（康熙四十九年本）并谓："两伏波有功珠崖，郡邑俱立庙祀，载在祀典，非淫祀比。"❶ 这里强调说由于两伏波将军有功于珠崖地区，各个均县都立庙祭祀；并且是记录在官方祀典的正式祭奉，而非民间土人的"淫祀"。而在临高县新盈镇的昆社港侧面，也建有伏波庙，又称忠显王庙，祭祀忠显王伏波将军。其正殿旁有两副对联，分别是：陈公贤所题书的"忠永镇隆基，气壮昆山河海；显灵垂利泽，福迨社稷人民"和符圭所题书的"忠扶汉，泽贻民，器宇轩昂，表表昆岗美玉；显丰山，灵富海，精英陟降，洋洋社里慈云"❷。又，文昌伏波将军庙，在铺前北下田村，为明代所建，清代道光中又加以重修❸。

（二）峻灵公信仰

这一时期，除了伏波将军信仰外，海南的峻灵公崇拜，同样也是具有海南本地特色。峻灵公是海南西部沿海渔民主要祭祀的神灵，与其他人格神不同的是，峻灵公是因为岭具有灵气而得名。据道光《琼州府志》记载，昌江县境内有两座峻灵王庙，"一在坞泥港口，一在千户所南。神甚灵应，东坡有记"❹。其中位于昌江县北北岸都乌坭港口的峻灵王庙，据载创建于五代时期。所谓"东坡有记"是

---

❶ ［清］高魁标．（康熙）澄迈县志［M］．康熙四十九年本．海口：海南出版社，2006：346．
❷ 临高县志［M］．广州：广东人民出版社，1990：479．
❸ ［民国］李钟岳，等．（民国）文昌县志［M］．海口：海南出版社，2003：129．
❹ ［清］张岳崧．（道光）琼州府志［M］．海口：海南出版社，2006：400-401．

— 25 —

指苏东坡被贬儋州时曾拜谒昌化岭，归作《峻灵王庙碑》，其中云："自念谪居海南三岁，饮咸食腥，陵暴飓雾而得生还者，山川之神实相之。谨再拜稽首，西向而辞焉，且书其事，碑而铭之。山有石池，产紫鳞鱼，民莫敢犯，石峰之侧多荔支、黄柑，得就食，持去，则有风雹之变。"❶ 在苏轼看来，谪居海南期间得到神灵的护佑，特此撰文记述峻灵王庙之来历、神异应验之事等。其中所述"又西至昌化县（按：今昌江县）西北二十里，有山秀峙海上，石峰巉然若巨人冠帽西南向而坐者，俚人谓之山胳膊。而伪汉之世，封其山神为镇海广德王。……皇宋元丰五年（1082年）七月，诏封山神为峻灵王"❷云云，皆为正德《琼台志》等诸多地方志记载所本原。据其说，在五代十国时期，南汉国封其为"镇海广德王"；宋代赵神宗元丰五年（1082年），封为"峻灵王"。

对于苏轼的"封其山神为镇海广德王"的说法，道光《琼州府志》在按语中提出：《通志》引用《十国春秋·南汉太祖本纪》所云"乾亨元年（917年），封峻灵山为峻灵王。儋州昌化县山为镇海广德王"，以为封为广德王的当是昌化县的另外一山，而不是峻灵山；二说不知孰是孰非，因此"并载之，以俟识者考证焉"❸。

而在临高县，也建有峻灵王庙。康熙《临高县志》载："峻灵王庙，在县治西门内，其神又在昌化西北二十里……其建庙塑像于临者，分祀也。"❹ 临高所建的峻灵王庙是昌江峻灵王的"分祀"所

---

❶ [宋] 苏轼. 苏轼文集 [M]. 长沙：岳麓书社，2000：1289.
❷ [宋] 苏轼. 苏轼文集 [M]. 长沙：岳麓书社，2000：1289.
❸ [清] 张岳崧.（道光）琼州府志 [M]. 海口：海南出版社，2006：401.
❹ [清] 樊庶.（康熙）临高县志 [M]. 海口：海南出版社，2004：71.

在，即供奉信仰的同样是峻灵公。据正德《琼台志》，在琼州府的东门外半里，自元代时期乡人建有峻灵行祠，所祭奉的与昌化（今昌江县）的神灵一致，也是峻灵公神❶。

时至今日，在琼西的儋州、临高、昌江、东方、乐东等地渔民，多有立庙崇祀。如在临高大雅村海边，由大老村和大雅村船主（渔民）及村民等捐资修建神山庙，内祀"神山广德峻海明王"。至于商贾、平民，每遇灾难病疾，困顿险恶，也多有前往峻灵王庙祭拜，祈求平安。

（三）龙王信仰

一般认为，中国传统文化中龙的形象来自原始的蛇图腾崇拜的演变。龙能够腾云驾雾、行云施雨，所以龙王又常常被视为是掌管兴云施雨以及海洋的神灵。在佛道两教，均有关龙王信仰的记载："佛教《华严经》有无量诸大龙王，如毕楼博叉龙王、娑竭罗龙王等，莫不勤力，兴云布雨，令众生热恼消灭云云。道教亦有此说，谓有诸天龙王、四海龙王、五方龙王等，遵元始天尊、太上大道君旨意，领施雨、安坟之事。《太上洞渊请雨龙王经》载：遇天旱或遭火灾，诵经召龙王，即可普降大雨。"❷ 到北宋末年的时候，朝廷正式认可并且册封民间流行已久的龙王之神，"大观二年（1108年），册封天下五龙神，青龙神封广仁王，赤龙神封嘉泽王，黄龙神封孚应王，白龙神封义济王，黑龙神封灵泽王"❸。而明代小说《西游

---

❶ [明]唐胄.（正德）琼台志[M]. 海口：海南出版社，2006：537.
❷ 宗教词典[M]. 上海：上海辞书出版社，1981：264.
❸ 闫彩琴. 上海浦东地区航运信仰初探[C]//中国民间海洋信仰研究. 北京：海洋出版社，2013：139.

记》中关于东海龙王敖广、南海龙王敖钦、北海龙王敖顺、西海龙王敖闰的描写，更是使得"四海龙王"成为孺妇皆知的掌管海洋的神灵，龙王信仰更为广泛和普遍。自古以来，生活在海南岛的人民关于龙王信仰，即包含了两个方面的内容，一是将之作为掌管兴云布雨的神灵予以祭祀崇拜，二是将之视为海神予以崇拜。在海南岛沿海地区，立有许多龙王庙，每逢重要节日，即会隆重祭祀龙王；而许多渔民出海捕鱼都会祭祀龙王，甚至在渔船上安放龙王的神牌进行祈祷崇拜。

海南的龙王信仰历史悠久，据咸丰《琼山县志》载："龙庙，在郡西二十里博崖都，宋建，庙前有井，旁有湖水自龙口流出，由井入湖，大旱不涸。康熙十九年遇旱，巡道范养民步祷于庙，甘霖立应，因捐赀修其庙宇有碑记。"❶ 又载："龙王庙，在城东北金粟泉上二苏祠旧址。乾隆十七年，巡道德明率属捐建。五十八年，知府叶汝兰重修，邑绅吴瑾董其事。"❷ 自宋代以至明清，海南的琼山、文昌、陵水、儋州等地都有龙王庙和龙王信仰的相关记载❸，有的方志甚至记录了龙王祭祀的时间与祝文：龙王庙"每岁春、秋仲月上辰日致祭。祝文：维神德洋寰海，泽润苍生。允襄水土之平，经流顺轨；广济泉源之用，膏雨及时。续奏安澜，占大川之利涉；功资育物，欣庶类之蕃昌。仰藉神庥，宜隆报享。谨遵祀典，式协良辰。敬布几筵，肃陈牲币。尚飨"。❹ 这里的祭祀龙王，既是祈祷

---

❶ [清] 郑文彩. (咸丰) 琼山县志 [M]. 海口：海南出版社，2004：241.
❷ [清] 郑文彩. (咸丰) 琼山县志 [M]. 海口：海南出版社，2004：229.
❸ [清] 张岳崧. (道光) 琼州府志 [M]. 海口：海南出版社，2006：375-407.
❹ [清] 林大华，等. (宣统) 乐会县志 [M]. 海口：海南出版社，2006：359.

风调雨顺，泽润苍生，同时也有祈祷出海平安、捕鱼丰收。如在清代时，陵水县有三座龙王庙，其中两座"一在洞栖港，一在赤岭港"❶，均是建在港口，方便沿海渔民祭祀。

（四）三江晶信夫人信仰

三江晶信夫人崇拜则主要在海南岛东部地区的乐会、会同（今均属琼海市）等地。据正德《琼台志》记载："三江庙，在（乐会）县东十里博敖浦。宋天圣元年（1023年），乡人建，祀三江晶信夫人。国朝洪武三年（1370年），取勘祀典神祇，知县王思恭达其能祛疫厉，兴云雨，请赐今封，入祀典。岁以七月二日特牲致祭。"❷这里即表明，在宋代天圣元年（1023年）已经建立三江庙，信仰祭祀三江晶信夫人。只不过当时只是民间乡人建庙祭祀。到明洪武三年（1370年），被正式敕封为"三江晶信夫人"，并进入官方祀典。至于祭祀的时间，一般说是七月二日，也有地方史志文献说是"岁以三月二日、七月二日致祭"❸。而康熙《乐会县志》（康熙八年本和二十六年本）及宣统《乐会县志》则明确是在嘉靖十三年（1534年）的时候，"巡按御史戴公璟檄增三月三日一祭"❹。由开始的一年一次致祭，增加为一年两次致祭，也说明了当地对三江晶信夫人等神灵崇拜的流行。明代，在会同县积善都（今属琼海市），也建有三江庙，所祭祀对象与乐会三江庙同为三江晶信夫人❺。

---

❶ ［清］张岳崧.（道光）琼州府志［M］.海口：海南出版社，2006：403.
❷ ［明］唐胄.（正德）琼台志［M］.海口：海南出版社，2006：550.
❸ ［清］黄佐.（嘉靖）广东通志·琼州府［M］.海口：海南出版社，2006：363.
❹ ［清］林大华，等.（宣统）乐会县志［M］.海口：海南出版社，2006：350.
❺ ［明］唐胄.（正德）琼台志［M］.海口：海南出版社，2006：550.

两汉至唐宋时期海南海神信仰简表

主要庙宇	祭祀海神	始建年代	备注
伏波庙（在郡城北六里龙岐村）	伏波将军	宋建	正德《琼台志》
三江庙（乐会县东十里博敖浦）	三江晶信夫人	宋天圣元年（1023年）建	正德《琼台志》、嘉靖《广东通志·琼州府》
神山峻灵王庙（昌江县北北岸都乌坭港口）	峻灵公	五代建	正德《琼台志》

将自两汉至唐宋一千多年的时间，视为海南海神信仰的发展阶段，主要是因为随着海南岛纳入中央政府的版图，其间虽几经反复，但中央政府逐步加强对海南岛的管辖与经略，海南岛与大陆地区的交往和交流也是日益频繁。而人们往返渡海过琼州海峡经常不得不面对惊涛巨浪，因此希冀神灵庇护，选择英灵显赫的伏波将军进行崇拜。同时，随着造船技术的发展，人们的生产活动从近海向远洋延伸，同样也需要神灵的保护，伏波将军、兼具山神与海神的镇海广德王等神灵由此逐渐成为具有地方特色的海神，并延续至今。

此外，随着两汉以来陆续随军迁入海南岛的军民逐步增多，以及广东潮汕地区移民前来经商生活等，他们也将自己地区和民族的有关海神崇拜信仰文化带入海南，成为海南海神信仰的重要组成部分，如南海龙王信仰、天后（妈祖）信仰等。这就为元明清时期海南海神信仰走向繁荣兴盛奠定了基础。

三、兴盛：元明清时期

元明清时期是海南海神信仰的兴盛时期，这一阶段的开始主要是以妈祖信仰文化的传入为标志。

妈祖信仰是中国沿海地区汉民族民间信仰最重要的信俗之一。妈祖又叫"天妃""天后"等，相传为北宋时期福建莆田的一名普通女子，在其羽化升天后，民间百姓感其生前救难扶伤，护佑行船，因此立庙祀之，后来历代朝廷均有褒奖与封号，成为官方与民间共同的祭祀崇拜信仰对象。根据史料记载，海南最早的妈祖庙在元代建立，正德《琼台志》记载："天妃庙，在海口，元建。"❶道光《琼州府志》则云："天后庙，一在白沙门，一在海口所。元建，明洪武间屡葺。"❷除此之外，元代建立的天妃庙还有三座，分别在万州（"在城东"❸）、崖州（"在州西南海边"❹）和感恩县（"在县西"❺）境内。明清之际，海南妈祖信仰进一步兴盛，"据史料记载，明清琼州府13州县均建有妈祖庙"，"妈祖庙遍布各个州县，且个别地方数目还相当可观，最多的是文昌县，共出现过11座，其次是万宁县，有7座，而最少的亦有1座。与明清时期雷州的23座妈祖庙相较，琼州府妈祖庙的数量是雷州府的2倍，足见海南岛信奉妈祖之风之盛。"❻海神信仰最主要的形式之一的妈祖信仰的传入和兴起，也标志着海南海神信仰文化的兴盛。（关于妈祖信仰，本书第四章将会详文专述，本章节暂且不表。）

---

❶ [明] 唐胄.（正德）琼台志 [M]. 海口：海南出版社，2006：540.
❷ [清] 张岳崧.（道光）琼州府志 [M]. 海口：海南出版社，2006：377.
❸ [明] 唐胄.（正德）琼台志 [M]. 海口：海南出版社，2006：556.
❹ [明] 唐胄.（正德）琼台志 [M]. 海口：海南出版社，2006：559.
❺ [明] 唐胄.（正德）琼台志 [M]. 海口：海南出版社，2006：560.
❻ 王元林，邓敏锐. 明清时期海南岛的妈祖信仰 [J]. 海南大学学报：人文社会科学版，2004（4）.

这一时期海神信仰文化的兴盛，还体现为伏波将军信仰的延续和其他地方性海神信仰文化的出现。如前所述，海南岛出现多处伏波将军的祠庙，祠庙历代以来几经修葺，信众颇众。同时，这一时期，海南岛出现了众多的本土海神，成为渔民海上捕捞、商人船夫海上行船保驾护航的神灵，如水尾圣娘、108 兄弟公、新泽海港之神、晏公（平浪侯）、英佑骁骑将军之神、石三娘等。清代陈徽言《南越游记》云："琼州土俗多淫祀，梵宇之外，木偶、土偶、雕塑者不可胜计，其神名号亦夥，迎神时，銮舆彩仗，炫耀道周。如上帝、天妃、邓天君、羊元帅等会，动聚万众，男妇喧阗，举国若狂。每会各自为群，大飨于村中，月余始罢。"❶ 由此可见当时海南民间信仰活动之盛，其即包括了海神妈祖（天妃）信仰活动。

（一）水尾圣娘信仰

据乾隆《琼州府志》："水尾庙，在清澜，祀南天夫人。明正德间，有石炉飞来水尾，因建庙焉。"❷ 水尾圣娘又称"南天夫人"，是为电神，也是海南渔民的海洋护佑之神。清代乾隆三十六年（1771 年），在会同县（今属琼海市）东太平都二十里许，乡间众人捐资创建白沙庙，祀奉南天水尾娘娘，"每年十月十五日行香，倾城士女咸赴礼拜，不可数记"❸。

水尾圣娘可以说是海南本地产生的海上保护神灵，在海南人中影响很大，如今甚至"在国外，凡是有海南人的地方，必有水尾圣

---

❶ [清] 陈徽言. 南越游记 [M]. 广州：广东高等教育出版社，1990：
❷ [清] 陈景埙.（乾隆）琼州府志 [M]. 海口：海南出版社，2006：269.
❸ [清] 于煌，等.（乾隆）会同县志 [M]. 海口：海南出版社，2006：40.

娘，水尾圣娘被奉为海南人的乡土神，被渔民视为守护神，在某些地方其地位不亚于天后娘娘（妈祖）"。❶ 水尾圣娘在海外琼籍华人华侨中影响甚巨，水尾圣娘崇拜成为当地华人华侨重要的精神纽带。

关于水尾圣娘崇拜的来源，有学者及信众认为是来自于琼州府定安县梅村峒龙马村（现定安县岭口镇水尾田村）所信仰崇拜的莫氏夫人。现今在定安县水尾田村即建立有水尾圣娘庙，其中供奉的是"莫氏夫人"。但据乾隆《琼州府志》等文献所载是"明正德间，有石炉飞来水尾，因建庙焉"❷，即位于文昌清澜的水尾圣娘庙，乃是因为"有石炉飞来"，所以建庙祭祀"南天夫人"（电神）。水尾圣娘与莫氏夫人应该不是同一回事，似无相干。而且，清澜水尾圣娘庙，其建庙的时间是在明代的正德年间（1506—1521年）。粗略翻看康熙、光绪、宣统等多个版本的《定安县志》，并没有见到封祀莫氏为"圣娘"的相关记载。从文献记载的时间来看，清澜水尾庙较之水尾田村水尾圣娘庙的时间更为久远。多种《文昌县志》均多次提到因为"石炉飞来"，以此立庙祭祀南天夫人。如康熙《文昌县志》载："清澜水尾庙，即祀南天夫人。明正德间，有石炉飞至此，因建庙焉。英显特异。又庙滨海港，当往来之冲，祈祷立应，血食不衰。每十月十五军期，四方杂集，殊称盛会。"❸ 咸丰《文昌县志》载："水尾庙，在清澜所城。祀电神。俗名'南天夫人庙'。明正德间，有石炉飞至此，因建庙焉。"❹ 所以说，海南人民所崇拜

---

❶ 詹贤武. 海南民间禁忌文化 [M]. 海口：海南出版社，2008：288.
❷ [清] 陈景埙.（乾隆）琼州府志 [M]. 海口：海南出版社，2006：269.
❸ [清] 马日炳.（康熙）文昌县志 [M]. 海口：海南出版社，2003：46.
❹ [清] 张霈.（咸丰）文昌县志 [M]. 海口：海南出版社，2003：113.

信仰的水尾圣娘,更像是南天夫人(电神)与妈祖的综合体。渔民、商人以及普通民众广泛信仰的水尾圣娘,乃是妈祖信仰本地化的一种新的"土人私祀"。

(二) 108 兄弟公信仰

据传说,19 世纪中叶一群海南商人乘船下南洋谋生,但是在途中他们的乘船翻覆,他们不得不游泳至一个小岛求生,但惨遭他国巡警以"海盗"之名杀害,尸体被抛入大海之中。这些来自海南岛的兄弟在异国被抛入大海后化身为海神,显现威灵,保佑庇护过往渔民和商人,人们亦因此借用《水浒》赐封"108 好汉"的方式,建庙祭祀"108 兄弟公"。

民国《文昌县志》亦略记其事:"咸丰元年(1851 年)夏,清澜商船由安南顺化返琼,商民买棹附之。六月十日,泊广义孟早港,次晨解缆,值越巡舰员弁觊载丰厚,猝将一百零八人先行割耳,后捆沉渊以邀功利,焚艘献馘,越王将议奖,心忽荡,是夜王梦见华服多人喊冤稽首,始悉员弁渔货诬良。适有持赃入告,乃严鞫得情,敕奸贪官弁诛陵示众。从兹英灵烈气往来巨涛骇浪之中,或飓风黑夜扶桅操舵,或泅泳沧波,引绳觉路。舟人有求则应,履险如夷,时人比之灵胥,非溢谀也。"❶ 是以在同治年间(1862—1874 年),文昌林凤栖与众人于县北的铺前建昭应祠信奉祭祀。该祠现虽已倾圮,但 108 兄弟公信仰在海南岛传播开来,甚至随着海南人的足迹,远至南洋诸国,海南人所到之处都有建祠庙信奉。

当然,关于"108 兄弟公"之来源,渔民在民间亦有多种传说。

---

❶ [民国] 李钟岳, 等. (民国) 文昌县志 [M]. 海口:海南出版社,2003:129.

如有渔民就口述说："108个兄弟中有72个孤魂和36个兄弟。72个孤魂是我们渔民先辈在西、南沙下海作业过程中先后死去的，36个兄弟则是同在船上因风暴遇难的。"❶ 出海捕鱼谋生，本是极凶险的事情，历代以来在远洋出海捕鱼途中去世的渔民当不在少数。渔民为了纪念这些死去的兄弟，亦是为了祈求他们的保佑，故建立庙宇来祭祀"108兄弟公"。

（三）新泽海港之神（番神）信仰

据正德《琼台志》："昭应庙，在州东北三十五里会通都新泽港。其神原有庙祀，名舶主。国朝洪武二年，取勘祀典神祇，州同知乌肃以其能御灾捍患，请赐封新泽海港之神，入祀典。"❷ 昭应庙在万州新泽港（今万宁市），祀新泽海港之神，其神原为舶主，在明朝洪武二年（1369年），被赐封为新泽海港之神。而据清道光《万州志》："昭应庙，在城东北莲塘港门，神名舶主。明洪武三年，同知乌肃以能御灾捍患，请敕封为"新泽海港之神"，祀用羊鸡鹅鸭，甚忌豚肉。往来船只必祀之，名曰'番神庙'。"❸ 其中所记与正德《琼台志》的记载稍异，如这里所记载应万州同知乌肃请赐封的时间是洪武三年（1370年），同时强调"祀用羊鸡鹅鸭，甚忌豚肉。往来船只必祀之，名曰'番神庙'"。由此可以知道，当时除了本地居民信奉崇拜"新泽海港之神"，还有很多过往外国船只的商民，或者是由外国移居该地的居民和商户也祭祀崇拜，所以又称为"番神庙"。尤

---

❶ 韩振华. 我国南海诸岛史料汇编[M]. 北京：东方出版社，1988：417.
❷ [明] 唐胄. （正德）琼台志[M]. 海口：海南出版社，2006：555.
❸ [清] 杨士锦，吴鸣清. （道光）万州志[M]. 海口：海南出版社，2004：343.

其值得注意的是"祀用羊鸡鹅鸭，甚忌豚肉"，说明这部分信众当是穆斯林，因此，他们十分忌讳猪肉，而是主要用羊、鸡、鹅、鸭等来祭祀神灵。

（四）晏公（平浪侯）信仰

在海南，晏公信仰自元代开始以至清代，其庙宇多有移建和修葺，不仅"乡人至今祈祷"，而且在明代官至礼部右侍郎兼文渊阁大学士的丘濬也"屡祷有应"，并"建庙祀之"❶。

正德《琼台志》记载："晏公庙，在城北大路一里西厢。其神主掌江海，元以其阴翊海运，封平浪侯。今江湖船多奉之。洪武甲戌间，寓士劝化成造，后指挥石坚添修两庑。永乐乙酉，指挥牛铭请命永嘉杨岱宗募缘重修。又今永宁桥西巷，亦有晏公庙。"❷ 关于晏公其神的来历，据《三教源流圣帝佛帅搜神大全》"晏公爷爷"条：公姓晏名戍仔，江西临江府清江镇人。大元初，以人才应选入官，因病归，登舟即奄然而逝。随从之人准备好棺材护送回家，但还没有到家，村里人就说看到他曾在旷野之间行走，众人打开棺材一看发现里面空空如也。因此，"父老知其为神，立庙祀之，有灵显于江河湖海。凡遇风波浪起，商贾叩投，即见水途安妥，舟航可稳，人物坚宁，风恬浪静，所谋顺利也。皇明洪武初，诏封显应平浪侯"。❸ 咸丰《琼山县志》的编撰者按语所记，除了以为晏公"神姓晏名成儒"，关于其生平事迹则与《三教源流圣帝佛帅搜神大全》

---

❶ [清] 郑文彩.（咸丰）琼山县志 [M]. 海口：海南出版社，2004：236.
❷ [明] 唐胄.（正德）琼台志 [M]. 海口：海南出版社，2006：538-539.
❸ 三教源流圣帝佛帅搜神大全 [M]. 西岳天竺国藏版. 清代刊本.

第一章｜海南海神信仰的历史发展演变

所载没有太大的差异。同时还补充记载："江淮间香火甚盛，丘文庄屡祷有应，建庙于下田村祀之。"❶ 在江淮地区，晏公信仰更为普遍，"江湖船多奉之"；出生在海南岛琼州下田村的丘濬也信奉平浪侯，并多有应验，所以在自己的故乡也创建晏公庙。同时，由于其神又能护佑海运船只，所以被赐封为"显应平浪侯"；在海南，民众又将之作为海神予以祭祀信仰，香火延续不断。

除了琼州地区，在海南岛南部的崖州民间也有晏公崇拜信仰。如在崖州城西曾建有晏公庙，是在洪武乙亥年（1395年）创建，"内祀九江八河平浪之神"❷，即祭祀江河海之各种神灵，但到光绪年间该庙则已经废圮❸。

（五）江将军信仰

江将军信仰中的"江将军"在历史上确有其人。江将军名起龙，清代时曾任海安所副将，在一次出海时"遇飓风覆舟"，但是其"英灵不泯"，护佑海上往来船只。所以人们立祠祭祀，后被赐封为"英佑骁骑将军之神"。

据乾隆《琼州府志》记载："江将军祠，在海口城外天后庙右。江公名起龙，歙县人，正直刚勇，勤劳王事，为海安所副将，屡剿海寇，琼境赖安。康熙五年七月，提兵出洋，遇飓风覆舟。英灵不泯，往来海上，舟楫多赖护庇。二十六年，知府佟湘年请立祠祀之。雍正九年，布政使王士俊奏请封号为'英佑骁骑将军之神'。"❹ 清

---

❶ ［清］郑文彩.（咸丰）琼山县志［M］.海口：海南出版社，2004：236.
❷ ［明］唐胄.（正德）琼台志［M］.海口：海南出版社，2006：559.
❸ ［清］张巂，等.崖州志［M］.广州：广东人民出版社，1983：107.
❹ ［清］陈景埙.（乾隆）琼州府志［M］.海口：海南出版社，2006：263-264.

代翁方纲还专门撰文《英佑将军江公祠壁记》，记述江将军的生平事迹与神应，以为"今海安所、海口并有祠，往来渡海者必虔礼焉"，而在被赐封"英佑骁骑将军之神"爵号之后，"至今官民事祠逾谨"❶。由此也可见江将军信仰在民间影响之盛。

在海口江将军庙，与之共同受到祭奉的，还有虎头门副将张瑜、商民义士谢谦、仓大使崔祥等人。据乾隆《琼州府志》："康熙二十年，海寇杨二、谢昌距海口城，虎头门副将张公名瑜统兵赴援，获船臧贼，救回被掳男妇甚众，卒以劳瘁病亡；又同时，商人谢谦乘巨舶入港与贼战，不胜殒命，琼民赖其方稍缓贼势，称为义士；又仓大使崔祥随兵道范养民出郭御贼遇害，俱附于祠。"❷ 上述张、谢、崔等人，或官或民，但均有益于当地海上御寇，身后受到民众敬仰和祀奉。

（六）石三娘信仰

据正德《琼台志》载："石三娘庙，在（崖州）州南大疍村，海边疍番每年于夏间致祭。成化丁酉（1477年），判官赖宣重建。"❸崖州地区，以及与其相邻的陵水、万宁等地，历代以来均有外来民族移居至此，其中就包括具有伊斯兰教信仰的穆斯林。而又有疍民，以船为家，常年生活在海上。他们所信仰的"石三娘"虽未知具体所指，但是也具有明显的海神信仰特征。而疍民历来都有关于石头有神迹灵性的传说，这或许有助于理解他们为什么立有石三娘庙并

---

❶ [清] 张岳崧.（道光）琼州府志 [M]. 海口：海南出版社，2006：1750.
❷ [清] 陈景埙.（乾隆）琼州府志 [M]. 海口：海南出版社，2006：263-264.
❸ [明] 唐胄.（正德）琼台志 [M]. 海口：海南出版社，2006：559.

予以崇拜。如道光《琼州府志》载，琼山县一名纪姓的疍民在捕鱼的时候，忽然一块石头坠入网中，他将石头丢出去，不久石头又坠入网中。这位纪姓疍民感到奇怪，就说："如果真有神异使我能够多捕到鱼，我一定会祭祀你的。"当日，他捕的鱼果然比以前多了一倍❶。这个故事虽然到此就结束了，但是疍民相信石头是有灵验的。

（七）水口公信仰

在陵水黎族自治县陵河出海口水口港东边下港岭下有水口庙，祭祀有水口公。自古以来，水口港是保亭、陵水内河通往南海的通商要道，也是疍家渔船停泊休养和避风的优良港口。因此，往来港口的渔民商船都会前来水口庙祭拜水口公。据县志记载，水口庙始建于清乾隆五十年（1875年），"占地面积约2670平方米，设有正堂、正殿、中庭、前厅，大门，还有击钟室、议签室、东西两侧建有凉亭"❷，自古以来被称为是陵水的"四大风水宝地"之一。传说早自明朝末期以来就已经有人以大孤石为殿，安炉上香，当地的渔民和疍家人每逢在出海捕鱼之前都会来到这里烧香点烛以求出入平安。在清朝乾隆年间的时候，在现在的椰子岛一带经常遭受洪水灾害，村民期盼神灵能够治水，于是在乾隆五十年的时候修建水口庙，将原来的石殿嵌在正殿之中。庙中供奉水口侯王（水口公）、水底夫人、万天元帅、明师公、明师婆、土地神等诸神像，而以水口公为主神。

据传说，水口公是明朝末年的一名郡官，他雄才大略，仗义执言，深得乡民拥戴，后遭陷害致死，年仅39岁。在他归天之后，深

---

❶ [清] 张岳崧.（道光）琼州府志 [M]. 海口：海南出版社，2006：1977.
❷ 陵水县志 [M]. 北京：方志出版社，2007：854.

得玉帝赏识,被赐封为"都舡舶主三圣侯王",同时还赐封"三江水底正顺夫人"(水底夫人)和"法部万天雷首主令炎帝邓天君"(万天元帅)。三位神明共同镇守江河港口,每逢瘟疫流行的季节,水口公以及众神就会用流沙堵塞港口,使瘟疫不能进入陵水。"每年农历正月十三日为'水口公'的诞辰,故每年元月十二日至十六日,到水口庙朝拜的善男信女蜂拥而至,热闹非凡。农历五月初一至初五为水口公巡视乡里、河道日,多华村和周边村庄的家家户户,必将燃香点烛,摆好祭品迎接,初五日上午水口众神乘龙船巡视陵河后返回水口庙。"❶ 水口庙历经多次损毁,包括日军入侵海南岛期间、以及"文革"期间均遭破坏,后又有重修和扩修,如今成为众多信徒烧香朝拜的地方。

元明清时期海南海神信仰简表

海神名称	主要庙宇	始建、修葺及赐封	备注
天后（天妃）	1. 天后庙（一在白沙门,一在海口所）	元建	正德《琼台志》、道光《琼州府志》
	2. 天妃庙（在感恩县西）	元建	正德《琼台志》
	3. 天后庙（在琼州郡城内总兵署前）	清嘉庆四年（1799年）建	道光《琼州府志》
	4. 天妃庙（初在琼州城西下僚地）	明洪武丙寅（1386年）建,永乐癸巳（1413年）重修	正德《琼台志》
新泽海港之神（舶主、番神）	昭应庙（万州东北三十五里会通都新泽港）	明洪武二年（1369年）赐封	正德《琼台志》

---

❶ 陵水县志［M］. 北京:方志出版社,2007:855.

续表

海神名称	主要庙宇	始建、修葺及赐封	备注
龙王	龙王庙（在琼山城东北金粟泉上二苏祠旧址）	乾隆十七年（1752年）建。乾隆五十八年（1793年）重修	咸丰《琼山县志》
水尾圣娘（南天夫人）	水尾庙（在文昌县清澜）	明正德间（1505—1521年）建	乾隆《琼州府志》
伏波将军	1. 伏波庙（在郡城北六里龙岐村）	宋建	正德《琼台志》
	2. 汉二伏波祠（在琼山县教场演武亭西）	明万历四十五年（1617年）建	《琼山县志》（康熙二十六年本）
三江晶信夫人	三江庙（乐会县东十里博敖浦）	宋天圣元年（1023年）建	正德《琼台志》
峻灵公	神山峻灵王庙（昌化县北北岸都乌坭港口）	五代建，明洪武己巳（1389年）重建	正德《琼台志》
晏公（平浪侯王）	1. 晏公庙（在琼山县小北门内）	元封为平浪侯王，明洪武（1368—1398年）以来重葺	《琼山县志》（康熙二十六年本）
	2. 晏公庙（在崖州城西）	明洪武乙亥（1395年）创建	正德《琼台志》
江将军	江将军祠（在海口城外天后庙右）	清康熙二十六年（1687年）立祠，雍正九年（1731年）重修，封号"英佑骁骑将军之神"	乾隆《琼州府志》
石三娘	石三娘庙（在崖州南大疍村）	明成化丁酉（1477年）重建	正德《琼台志》

元明清时期海南海神信仰文化的繁荣发展，一个重要原因是造船技术的发展促进了海洋渔业和海上交通的兴盛，而郑和率船队七

下西洋，也进一步深化了人们对于海洋的认识。由此，海南岛上的渔民可以驾船前往更远的海域捕鱼谋生，同时他们中也有人远赴重洋、下南洋到达异国他乡谋生。频繁的海上航行活动，既促进了海南人民自身海洋信仰文化的兴盛与发展，更为重要的是随着海外交往、交流的频繁，同时他们也将海南本地的海神信仰文化带到异国他乡，促进了信仰信俗文化的海外传播和国际文化交流。因此，及至今日，海南人所到之处，即将包括海神信仰文化在内的海南文化带到当地，促进了文化繁荣发展。

四、走向衰落与开始复兴：近现代以来至今

1840年第一次鸦片战争爆发，近代中国开始步入半封建、半殖民地社会，中国经济、社会、文化也都产生了深刻变化。这对于海南海神信仰文化的发展趋势而言，其影响也是极其深刻的。随着西方国家的入侵与掠夺，这对中国的经济、社会、文化的破坏是显而易见的。这对于信仰文化的影响，至少在官方祭祀方面而言，已经没有足够的经济能力和精力来修葺、维修宗教信仰的物质载体——庙宇。

更为深重的影响则表现在"五四"新文化运动以来，随着高举"德先生"和"赛先生"大旗的文化启蒙运推进，民间宗教信仰被作为一种落后愚昧的文化"糟粕"予以抛弃和否定。而新中国成立之后的"文革"，更是将民间宗教文化作为封建文化的"糟粕"进行大规模的铲除，在广大的乡间村落的许许多多民间庙宇遭受到毁灭性的破坏，民间宗教信仰活动也几乎全面停止。当时全中国的形

势如此，海南岛也未能幸免，在这种形势下，海南海神信仰不可避免地走向衰落。

所谓"物极必反，否极泰来"。党的十一届三中全会以来，开始调整国家经济社会发展战略，提出"以经济建设为中心"，通过改革开放加快推进经济社会发展。随着经济社会的发展，思想文化禁锢的逐步打开，对于宗教信仰文化的理解也逐步回到正轨上来，正视民间信仰文化的积极作用，在这一大背景下海南海神信仰也开始逐步复兴。海神信仰文化的逐步复兴是一个较为漫长的过程，其主要表现在如下几个方面。

首先，民间信仰活动得以恢复。在"文革"期间，一切民间信仰活动均被当作是封建活动予以禁止，而随着改革开放的开始，对于民间宗教的认识开始转变，民间信仰活动开始恢复。但是其间主要还是民间自发组织，已经没有像元明清时期的官方主导进行祭祀活动。特别是在乡村，这种民间祭祀活动在重要节日经常性开展。如在南海渔禁结束，准备开渔时，许多地方都会有祭祀龙王、兄弟公等活动。当然，在推进文化旅游发展的背景下，有时候将文化旅游与民间信仰活动相结合，因此偶尔也可以看到官方背景。

其次，海神信仰的庙宇得以修缮。随着经济的复苏，民间群众开始自发组织募捐对以前遭受破坏的庙宇进行修缮，并以此开展信仰活动。同时，以前下南洋谋生或者是前往异国他乡谋生的海南人，许多人到现今已经成为具备较好经济条件的华人华侨，由于浓厚深重的故乡情结，他们经常回到家乡捐助资金修葺、新建诸海神庙宇，以此作为对故乡思念的寄托。在许多市县，其天后庙、水尾圣娘庙等修葺、重建、祭祀活动等都有华人华侨前来参与。

最后，在国家日益重视文物保护、非物质文化遗产保护的背景下，开始一些海神信仰文化作为文化遗产进行必要的保护。如海口天后祀奉即被作为海南省级和国家级非物质文化遗产保护项目予以纳入保护范围，海口白沙门天后、中山路天后宫等，均被列入历史文物进行必要的保护，妈祖公开祭祀活动受到官方的允许。

总之，海南海神信仰文化经历了走向衰落的过程，在新时期又再次迎来了复苏的契机。虽然民间信仰文化到底往何处去，仍然有待时间的考验。但是，在继承优秀文化传统、促进文化繁荣发展的背景下，海南海神信仰作为民间信仰文化的一部分，日益受到正视，其正面积极作用也得以发挥。

第二章　海南海神信仰的现状分布

目前，海南省共辖有十九个市、县，即位于海南岛内的十八个市、县和管辖西沙、南沙、中沙群岛及其海域的三沙市。自古以来，海南人民在其经济社会生活中，逐渐形成了丰富多彩的宗教信仰文化和民间信俗文化，成为海南千百年以来传统历史文化不可分割的重要部分。而海南岛作为镶嵌在中国南海的一颗璀璨明珠，同时在广袤无垠的南海上，西沙、南沙、中沙群岛星罗棋布，中国人民在其间生活起居、航海经商、远海捕鱼，足迹所至，可以说遍布南海的每一个角落。如海南人民通过文字和口头代代相传的"南海更路经"（又作"更路簿"），便详细记录了他们的南海航行路线、航线距离、所经岛屿礁盘名称与特征等，成为海南人民经略南海的重要文献。而海南人民或临海而居，或靠海为生，或远渡重洋，在长期的与海相伴的生产生活中，形成了丰富而独特的海洋神灵信仰文化，自古以来，相传至今，深深地浸入到海南历史文化的根性与血脉之中。

所以，当我们现在深入到海南各市、县，特别是基层社区和农村，仍然能够看到一座座祭祀海洋神灵的庙宇，并从人们的日常信奉活动和重要祭祀活动中，依稀能够观察到海神信仰文化历久弥新的魅力。海神信仰文化已经渗透到人们的日常生活当中,也可以说是已经成为广大的普通群众经济生产与社会生活的一个部分。

一、祀奉海神庙宇之分布

自古以来,海南海神信仰已经形成了比较复杂和丰富的体系,所信仰的海神也众多,诸如妈祖、伏波将军、108兄弟公、水尾圣娘、三江晶信夫人、峻灵公、晏公、平浪侯、水口公、木头公等。在这些海洋神灵当中,既有像崇拜祭祀妈祖、伏波将军等具有全国性的神灵偶像,也多有信仰诸如水口公、木头公等地方性的海神,并且随着海上贸易、海洋渔业与海外移民的发展,海南海神信仰也走向世界,传播至海外其他国家和地区,如妈祖、水尾圣娘、108兄弟公。因此,而在其源流方面,亦不难发现海南本地所特有的海神信仰,深受妈祖信仰、佛道宗教信仰等影响。而这也与海南岛作为移民岛屿,内陆地区军民跟随政府军队进入海南岛,以及商贾往来经商,多种文化碰撞交流有着重要联系。

庙宇是宗教信仰和民间信奉的重要载体。千百年以来,在海南岛以及更为广泛的中国南海诸群岛,祭祀信奉各种海神的庙宇林林总总、星罗棋布,可以说只要是人们(特别是渔民、商贾)足迹所到之处,几乎都能见到海神庙宇的身影。而海神庙宇的兴衰成败,亦见证着海神信仰文化的流传与承续。仅以妈祖、天后(妃)庙为例,诚如上文所引述,在历史上,"明清琼州府13州县均建有妈祖庙",当前海神信仰文化遍及海南岛的沿海市县,其中既包括了已经没有滨海地区的定安县,也包括了远在西沙群岛的永兴岛。据张岳

第二章｜海南海神信仰的现状分布

崧所撰写的道光《琼州府志》记载："天后庙，在城内中街。康熙三年（1664年），邑人梁、邓、刘诸姓拓基重建。教谕梁廷佐捐置义田，租息以供香火，余存为宾兴之费。至大比之年，则另派银供庙祀。"❶ 这里所指天后庙即是位于定安县城中街，最初是在明朝时期由广东南海、顺德和新会三县商民创建，在清代康熙三年由各姓县人捐资合力在旧址重建了天后庙，同时教谕梁廷佐还捐置了义田，把义田所获租息作为香火钱。定安县城虽未滨海，但是由于外来商人影响，也建庙崇祀妈祖。而笔者曾前往西沙群岛的永兴岛调研，在岛上即发现曾在岛上停留的渔民所兴建的108兄弟公庙。据了解，当年曾有渔民利用珊瑚礁石修筑四方单间屋，用以祭拜108兄弟。曾有对联云："兄弟感灵应，孤魂得恩深。"而我们所见庙宇已是水泥砖石建筑，大概于1993年重建，门前对联云："春亦有情，南海喜逢鱼弄月，人得其志，春风和气鸟逢林。"

近年来，海南民间海神信仰活动得到恢复，庙宇日益修复增多，分布亦是十分广泛。仅以妈祖庙为例，据媒体报道："到了近现代，妈祖庙宇在海南有增无减。……光海口新埠岛'天后宫'的数量就有6座，而在临高的调楼和新盈等乡镇，有的村子甚至有两三座妈祖庙。其实，在海南岛，只要是有港口、码头和商埠的沿海地区就有妈祖庙，数量之多估计已经超过100座。"❷ 在有文献数字可靠的层面来说，其庙宇数量或许已达到历史高峰。

海神信仰遍布海南岛，甚至远及中国南海的诸多岛屿，可以说

---

❶ ［清］张岳崧.（道光）琼州府志［M］. 海口：海南出版社，2006：388.
❷ 陈耿."天后宫"与海南妈祖文化［N］. 海南日报，2010-05-24.

只要是有海南人民足迹所至之处，都有海神信仰文化的流布和痕迹。对此，我们试将海南的海神信仰的庙宇分布，划分为东部、中部、西部以及三沙市所辖西沙群岛、中沙群岛和南沙群岛的地区分别予以叙述。需要说明的是，这种区位划分并没有严格的历史依据，而仅仅是在当前海南省的市、县行政区划的基础上，为方便叙述，根据大概的地理方位对其海神庙宇的分布现状做一简单的论述❶。

（一）东部地区

东部地区大概包括了海口、三亚、文昌、琼海、万宁、陵水等、市、县地区。这些市、县均为海南岛东部滨海地区，自古以来沿海居民以出海捕鱼为生，在长期的渔业活动中，对掌管海洋的神灵信奉有加，因此往往会在村庄的海边、港口立庙祭祀海神。渔民们每次出海捕鱼之前和捕鱼丰收归航后，都会焚香祭祀诸神；而渔民们在海上捕鱼期间，其家人也会来到海神的庙宇，祭祀海神，祈祷家人平安归来。同时，东部沿海地区分布了众多的商埠、港口，进出岛人员往来频繁。人们亦多在繁华港口和商埠建立海神庙宇，祈祷出入海平安。这些庙宇虽然由于种种原因，历代均有损毁破坏，但是村民、信众屡屡又捐资重建或修葺。

海口市位于海南岛北端，与广东的雷州半岛隔海相望，自古以来曾有白沙津（神应港）、烈楼港、海口浦等三大重要港口，是海南与大陆海上往来的重要枢纽，也是古代"海上丝绸之路"在海南岛

---

❶ 据历年《海南省国民经济和社会发展统计公报》的划分，海南省东部地区是指海口、三亚、文昌、琼海、万宁、陵水六个市、县，中部地区是指五指山、定安、屯昌、琼中、保亭、白沙六个市、县，西部地区是指儋州、东方、澄迈、临高、乐东、昌江六个市、县。

的重要中转站。如《舆地纪胜》即载:"神应港,琼州白沙津,蕃舶所聚之地。其港自海岸屈曲不通大舟,而大舟泊海岸又多风涛之虞。王帅光祖欲直开一港以便商旅,已开而沙复合,人力难之。忽飓风作,自冲一港,尤径于所开者,神物所相如此,遂名神应港,时淳熙戊申也。"❶ 由此可见,白沙津自宋代即开港,其时成为"蕃舶所聚之地",是外国商船的重要中转港口,"它上承烈楼港,下启海口浦,是海口的港口功能从以'人流'为主向以'物流'为主转型的标志性港口,在海口的港口发展史上具有十分重要的地位"❷。自元代以后"迁津建浦",白沙津的港口功能逐渐削弱,但到清乾隆时仍作为辅助港口发挥作用,"到了清光绪四年(1878年)设琼海关,海口码头移至长堤(今长堤路钟楼至424医院之间)。再到1933年建书场码头(今秀英港前身),白沙津终于废弃,结束了它的港口使命"❸。如今白沙津虽已废弃,不复昔日繁荣景象,但是从其若干历史遗迹或许可以见到曾经帆樯涌动、游人济济的荣光。而海口秀英港、新港、火车站南港等港口,亦如往昔的"白沙津",迎来送往,承担着发展海南的历史使命。在海口各个港口及其周边地区,即有许多的海神庙宇留存至今,崇祀信奉者甚众。

在距白沙津不远的海甸岛白沙门上村、中村,现今仍有天后宫,据正德《琼台志》等文献记载白沙门天后宫是元代时始建,历代几经损毁、重建,这是海口今存最早的天后宫(妈祖庙)之一。特别是位于中村的天后宫,近年来修葺一新,建筑画梁雕柱,神像金碧

---

❶ [宋]王象之. 舆地纪胜[M]. 影印本. 北京:中华书局,1992:3570-3571.
❷ 王天意. 白沙津考辨[J]. 新东方,2013(3).
❸ 周娟,周泉根. 琼州白沙津:椰风和惠帆樯动[N]. 海南日报,2011-10-24.

辉煌。左右两侧厢房立有石碑刻《白沙门简史》《关于天后圣母（妈祖）的传说》《白沙门天后宫（妈祖庙）简介》《历代朝廷对妈祖的封诰》等文。其中《白沙门天后宫（妈祖庙）简介》载："白沙门今仍存三座天后宫遗址。一座规模较小，在中村。新中国成立前，历代都以其为主供官民告庙雩祀，故保护尚好。一座框架尚存，但已破烂不堪，仍（乃）潮洲（州）商人所建，占地约两亩，建筑面积达630多平方米，前殿高大宽敞，气势雄伟，为海口地区古建筑所罕见，似人大小的古天后圣母（妈祖）塑像还由百姓保存着。另一座为福建商人所建，目前只剩四块两米多高的大石碑以及部分石柱和基石，建筑面积近1000平方米，其规模为三座之冠。"据2011年海口本地媒体报道：白沙门上村天后宫，"此处天后宫已是一片残垣断壁。正门上粗石匾额上栗色的'天后宫'三个字都有些模糊。墙壁不少地方还是土砖砌成。门廊上的镂空雕饰极为精美，只是已是歪歪斜斜，摇摇欲坠。宫内的三个香炉内已许久没有了香火，空余几炉香灰。后庙铁门紧闭，透过窗户望去，黑黑的一片，连天后神像的身影都看不到。"❶ 上村天后宫虽已显破毁衰败，但作为信众的精神寄托，他们尤为叹息，希望能借"天后奉祀"列入非物质文化遗产保护名录的契机，使天后宫得到妥善保护和修复。

位于海口中山路87号的天后宫，同样是历史悠久。据道光《琼州府志》记载，它是海口地区元代始建的两座天后宫之一："天后庙，一在白沙门，一在海口所。元建，明洪武间屡葺。"❷ 新中国成

---

❶ 妈祖信仰生生不息：海口白沙门天后宫[N]. 海口晚报，2011-03-08.
❷ [清] 张岳崧.（道光）琼州府志[M]. 海口：海南出版社，2006：377.

立后，中山路天后宫被当作公产由政府接收，后作为企业堆放商品、杂物的仓库。2000年6月，天后宫被列为海口市级文物保护单位；2009年5月，被增列为海南省第二批省级文物保护单位。而经过多个部门的共同努力，2012年2月，天后宫终于划归文物部门管理，改变了被其他单位"占用"的窘况。如今天后宫虽然暂时难以恢复原貌，仅存一间厢房供奉天后（妈祖），但依然香火繁盛，往来信奉祭祀的信众日增。每年妈祖诞辰与升天纪念日，海口天后宫都会联合其他天后宫（妈祖庙）举行较为隆重的祭祀活动。

除此之外，海口地区的天后宫（天妃宫、妈祖庙）还有位于荣山寮村的天后宫圣母庙，位于新海村、琼华村的天妃宫等。据统计，截至2012年，海口（包括辖区的沿海渔村）现有天后宫（天妃宫）28座[1]。2013年3月，坐落于海口市府城儒传村口琼州大道旁的海南比干妈祖文化园正式对外开放。园区内建有比干文化纪念馆、妈祖庙等。其中妈祖庙内供奉着木雕妈祖圣像，据称该像高2.53米、重1.5吨，是目前亚洲最大全木雕刻，也是妈祖祖祠有史以来开光最大的一尊[2]。

海口市琼山区府城地区属于"琼台福地"，是自古以来琼州地区乃至整个海南岛的政治、经济和文化中心。这里至今遗存了大量的具有悠久历史的庙宇、祠堂、书院等物质文化遗存，其中也包括与海神信仰文化相关的涉海神灵庙宇、祠堂，伏波将军祠尤具悠久历史传统和深厚文化底蕴。

---

[1] "天后祀奉"入选第四批海南省级非遗名录［N］．海口晚报，2012-05-25．
[2] 海南比干妈祖文化园开放 亚洲最大全木雕刻妈祖像开光［EB/OL］．［2013-03-01］．http：//www.hinews.cn/news/system/2013/03/01/015490357.shtml．

海口地区比较有名的伏波将军庙（祠）主要有两座，一座在龙岐村，一座在五公祠内。伏波庙位于海府路西侧龙岐村内，坐西朝东，面临海府路，建有山门、中厅和正殿，两侧有回廊、厢房、马厩等，总面积约1000平方米，主体建筑地600平方米。庙内立马援、路博德两位伏波将军塑像，悬挂"功拓南蛮""德泽琼州""威泽南陲""两汉勋名"等牌匾，横梁、屋檐均雕梁画栋，图饰栩栩如生。西厢、东厢分别刻福、寿两个大字，字两旁分别有对联云："心田种书德心常泰，福地安居福自来。""寿本无仁乐于智；勤能补拙俭养廉。"又有石碑镌刻苏轼《伏波庙记》、李钢《伏波庙碑阴记》、清朝光绪四年重修庙捐助题碑等。苏轼、李钢碑文系雍正八年龙岐村伏波庙大修时，抄录雷州徐闻伏波庙内碑文，后损毁，现又重刻，立于庙内。

龙岐村伏波庙始建于宋代，正德《琼台志》记载："伏波庙，在郡城北六里龙岐村，宋建，祀汉二伏波将军。"❶但是庙宇屡有损毁、重建、迁移、重修等。李熙和王国宪总纂的民国《琼山县志》详细记载了伏波庙历次修葺、移建过程："汉二伏波庙，明万历三十四年，副将邓钟始建于参将公署旁，钟有文记事。四十五年，副使戴熺移建于教场演武亭西，有碑，后又倾圮。清初康熙五年，巡道马逢皋复移建于北郊外大路左，有碑。二十二年，知府佟湘年等重修。雍正八年，总兵李顺捐修，有碑，并补刻苏文忠《伏波庙记》，李忠定书碑阴，立中门侧。道光二十九年，总兵何、巡道林、知府蒋、协镇吴重修。同治年间，巡道王澍重修。今已倾圮，惟邓、戴、

---

❶ [明] 唐胄.（正德）琼台志 [M]. 海口：海南出版社，2006：536.

马、李、佟诸碑刻尚存，详在《金石略》。今道尹朱为潮移二伏波祠于苏泉东坡祠东，旧祠废弃。"❶ 该志指出，龙岐村的伏波庙是康熙五年（1666年）移建至此（"北郊外大路左"），后来历经康熙二十二年（1683年）、雍正八年（1730年）、道光二十九年（1850年）重修，"民国"六年（1917年），伏波庙最终在琼崖道尹朱为潮的组织下从龙岐村迁往五公祠重建。而今，龙岐村的伏波庙得以重修，五公祠内伏波祠亦得以较为完好保存，两座伏波庙位于今海府路两侧，相隔不到三公里的距离。它们现已成为当地群众信仰崇拜两位伏波将军的重要场所和载体。

在海口地区，民间信众所信仰的地方性海神神灵，与妈祖齐名的还有泰华仙妃和精卫娘娘。

泰华祖庙位于海口灵山镇陈村。泰华庙，古时又称之为"陈村庙"，"元建，祀泰华仙妃"❷。泰华仙妃原为该村名叫陈玉英的女子，于元代至元二年"浣纱升仙，二弟追寻并化"。"浣纱升仙"当是溺水的讳称。之后有村人看到有女子"纺纱于树杪，火光闪烁空中"，并对人说："吾蝉蜕于泰华山矣。"由此乡人即建庙祭祀，并祀其二弟，曰"泰华三仙"。在明代嘉靖年间的时候，朝廷曾下旨禁止私人土祀，而由于其"灵异甚著"，泰华庙"独以救疫济旱存"❸。近代以来，由于历史原因，该庙被损毁。从1981年起，村民先后多次分期集资，重建了庙、亭、庭院、东西廊等，并雕塑神像。2003年，第三期重点总体工程项目竣工。

---

❶ ［民国］李熙，王国宪.（民国）琼山县志［M］. 海口：海南出版社，2004：284.
❷ ［明］唐胄.（正德）琼台志［M］. 海口：海南出版社，2006：540.
❸ ［清］郑文彩.（咸丰）琼山县志［M］. 海口：海南出版社，2004：241-242.

由于泰华仙妃护佑海上渔民和航海商民，海口许多地方都建庙（堂）祭祀。海口海甸岛泰华庙，俗称"三庙"。由于旧城改造，2010年原"三庙"被拆除，2013年7月泰华庙重建落成，并举行了走灯、竖銮、过火山等传统仪式，内祭祀泰华仙妃、关圣帝君等主神。距海甸岛不远的新埠岛也有泰华庙，庙前对联云："三仙安里党；两甲荐馨香。"又，泰华堂位于海口市解放东路46号。1890年，当时的中华戏院老板王德杰发动永乐街、永乐后街、青竹街、新兴街等四条街道十方善信，捐款买地建造。泰华堂原有前、后两间殿堂，中有庭院拜厅，置有案桌香炉。

精卫娘娘庙在海口龙桥镇三角园村，内祀九天姜氏公主精卫娘娘。在《山海经》中载有"精卫填海"的神话故事："又北二百里，曰发鸠之山，其上多柘木。有鸟焉，其状如乌，文首、白喙、赤足，名曰精卫，其鸣自詨。是炎帝之少女名曰女娃，女娃游于东海，溺而不返，故为精卫，常衔西山之木石，以堙于东海。"[1]炎帝之女名为女娃，其溺海之后化为精卫鸟，矢志衔木石以填海。这个故事一方面以此比喻意志坚决，不畏艰难；另一方面精卫化而为护佑人们的海洋神灵，受到崇敬祭拜。三角园的村民正是以精卫娘娘作为护佑海上的神灵而予以崇拜的。庙内立"民国"三年（1914年）"创建精卫庙碑"，又有1998年12月15日所立石碑刻《九天姜氏公主精卫娘娘庙重建序》，历述"民国"三年（1914年）创建、"民国"七年（1918年）重修、1982年重建等事件。据当地传说，农历四月二十二日是精卫娘娘诞辰，每年这个时候都会举行祭祀活动。因海

---

[1] 袁珂，校注. 山海经校注 [M]. 上海：上海古籍出版社，1980：92.

南岛北部地区多有"闹军坡"习俗，三角园村的祭祀精卫娘娘活动即为"闹军坡"。

三亚市位于海南岛的最南端，是古崖州的所在地。据正德《琼台志》载在元代海南岛创立有四座天妃庙，其一即在崖州的西南海边。自古以来，崖州地区的海神信仰包括有天妃信仰、伏波将军信仰、晏公信仰、石三娘信仰等。如今三亚地区的海神信仰庙宇分布，主要保存有妈祖庙（天妃庙）、南海龙王别院、龙王神州庙等。

蜈支洲岛妈祖庙在三亚市北部的海棠湾蜈支洲岛上。相传清代光绪年间，由州府集资在此修建"海上涵三观"，供奉"文字之神"仓颉，距今已有一百余年的历史。后庵堂废弃无人管理，附近渔民自发将之改为供奉航海保护神妈祖。今庙宇是1993年蜈支洲岛开发建设过程中规划重建，庙门前对联云："妈祖菩萨耿耿丹心，蜈蚑州岛巍巍寺院。"作为文化景点，妈祖庙已成为当地群众、普通信众与外来游客祭祀、参观的重要场所。

南海龙王别院位于三亚大小洞天景区内鳌山腹地，由辅殿和正殿构成，正面向南海，院内悬挂"广利天下""威灵显佑""伏波安澜"等匾额，供奉南海龙王。2004年8月，别院建成并举行南海龙王原身像安座仪式。原身像由铜铸成，高1.9米，重1吨。而从2005年起，每年农历二月初二这里都会举行隆重的"龙抬头节"，以此祭祀南海龙王。

在三亚地区，沿海渔民多信奉五龙大王、天妃等护佑航海的海神，所以海边村庄的高地，多建有面向海洋的海神庙宇。

龙王神州庙位于鹿回头半岛的南边海路，庙内主要供奉的五龙大王，此外还供奉有港口大皇、水尾圣娘、港口婆婆和儋州二公等海洋神灵，被尊称为"五神"。又，崖城保平港有五龙大王庙，所祀的也是五龙大王。

　　文昌市位于海南岛东北缘，具有清澜、铺前等优良港口，历来是海南岛的重要对外枢纽，因此其民间海神信仰也较为发达。在这里，人们不仅信奉在全国都极具影响的海上之神天后（妈祖），同时也信仰具有地方色彩的本土神灵水尾圣娘、108兄弟公等。明清之际，文昌的天后信仰一度非常繁荣，天后庙林立，载诸历史文献的计有10座：一"在县南新安桥南，洪武庚戌（1370年），知县周观创"❶；一为明代"成化甲午（1474年），知县宋经移建（新安）桥北"❷；一为"新天妃宫，在下市"❸；一为清澜天妃庙，"在所城外陈家市海边"❹；一"在邑南四十里陈一图龙朝村前，道光八年，耆老陈万卷、陈国玺邀建"❺；一为"双龙庙，在邑北百里溪梅市。咸丰元年重修，内祀天妃诸神"❻，即双龙庙内祀奉天妃等诸位神灵；一"在邑南白延市"❼；一"在铺前市北，咸丰丙辰，职同知林玉辉、监生李基植等邀建"❽；一"在迈号市南西边街，道光九年，陈绪、陈修业等合众建"❾；一"在东区清澜马头埠，清宣统三年，朱

---

❶ [明] 唐胄.（正德）琼台志 [M]. 海口：海南出版社，2006：549.
❷ [明] 唐胄.（正德）琼台志 [M]. 海口：海南出版社，2006：549.
❸ [清] 马日炳.（康熙）文昌县志 [M]. 海口：海南出版社，2003：46.
❹ [清] 马日炳.（康熙）文昌县志 [M]. 海口：海南出版社，2003：47.
❺ [民国] 李钟岳，等.（民国）文昌县志 [M]. 海口：海南出版社，2003：128.
❻ [民国] 李钟岳，等.（民国）文昌县志 [M]. 海口：海南出版社，2003：128.
❼ [民国] 李钟岳，等.（民国）文昌县志 [M]. 海口：海南出版社，2003：128.
❽ [民国] 李钟岳，等.（民国）文昌县志 [M]. 海口：海南出版社，2003：129.
❾ [民国] 李钟岳，等.（民国）文昌县志 [M]. 海口：海南出版社，2003：130.

希颜邀建"[1]，等。明清之际，文昌所建天后庙的数量，可以说在海南岛各州县中是居于前列的。

海南文昌的天后（妈祖）庙虽然几经兴废，但是妈祖信仰已经深深融入民间民众当中。在今文昌市文昌公园大门对面，与孔庙、宏光寺相毗邻即有妈祖庙，是文昌妈祖信众瞻仰祭祀的主要场所。该妈祖庙在林放书斋内，同时又是林氏宗祠。建筑为两层砖瓦结构，大门上方绘刻二龙拱珠，有联云："忠孝有声天地老；古今无数子孙贤。"据传该联为宋朝仁宗皇帝御制，以此赞誉林氏始祖比干的忠烈和孝德。妈祖原为林姓女子，故今林氏宗祠多祀奉比干、妈祖等。

又，在文昌市锦山镇青龙堂，内并有天后宫，分别立有马伏波将军与妈祖圣像，并共同祀奉马伏波将军、天后娘娘等诸位神灵。堂内悬挂2008年春所撰《马伏波元帅简介》，概述马伏波生平，并述："公进村之初，以一身正气，弘扬正义，以菩萨心肠，普度（度）众生，满腔热情，扶弱救残，妙手回春，治病济世……因其辛勤付出，创下功德无数，深得百姓好评，因其功勋卓著，今被褒封为'治国安邦九天威武侯伏波兵马大元帅'。"天后宫门联云："天恩普照人间共仰海静波恰；后德无私天下咸歌人安物阜。"堂内挂有红底金字条幅："圣母厚德信义取天下；元帅洪恩仁慈贯人间。""青龙堂前圣德通上帝；黄古村内神恩贯中原。""舍身报国青史垂万古；捐躯为民异名仰千秋。"等。

较之天后（妈祖）信仰，在文昌地区更具地方特色、影响也更

---

[1] ［民国］李钟岳，等.（民国）文昌县志［M］.海口：海南出版社，2003：131.

大的是水尾圣娘信仰。据乾隆《琼州府志》等文献记载，清澜水尾庙所祀南天夫人，是"明正德间（1506—1521年），有石炉飞来水尾，因建庙焉"❶。可见，水尾圣娘又叫南天夫人，是综合了电母、天后等神灵信仰因素，更多地具有本地特色的海洋神灵。

水尾圣娘庙在文昌市东郊镇，庙内有沐恩亭，亭柱金龙盘绕，依墙立石碑若干，镌刻捐助者姓名。墙上又悬挂1998年10月所撰《水尾圣娘史迹简述》文，述张岳崧蒙恩高中探花，在归琼之日亲临圣庙并挥毫"慈云镜海"牌匾；返京后将圣娘显灵事迹禀报皇帝，敕封"南天闪电感应火雷水尾圣娘"云云，并将水尾圣娘奉之为"南海第一灵神"。除了东郊镇水尾圣娘庙，文昌市还有冯坡镇的文堆村水尾庙、翁田镇的下田坡市圣娘庙、锦山镇的南坑村南埠庙、抱罗镇的杨家坡圣娘庙、罗豆农场的田心村火懿圣娘庙、铺前镇的七星岭圣娘庙等，所祭祀都是水尾圣娘，由此可见水尾圣娘信仰在文昌地区之盛。

琼海市位于海南岛东部，东邻南海，北接文昌，南毗邻万宁，西部依次与定安、屯昌、琼中相接壤。琼海东部沿海有龙湾、潭门、博鳌、青葛等四个港口，其传统渔场遍布西、南、中沙等海域。特别是琼海渔民自创"更路簿"，一代又一代的老船长凭借手中的"更路簿"远赴南沙捕鱼，可以说是海南人民自古以来经略南海、以南海作为祖宗海的重要凭证。

琼海地区的传统信仰海神主要包括妈祖、三江晶信夫人、龙王、南天圣娘、108兄弟公等。如天妃庙，在琼海地区古已有多处，据康

---

❶ [清]陈景埙.（乾隆）琼州府志 [M]. 海口：海南出版社，2006：269.

熙《乐会县志》（康熙八年本）："天妃庙，旧在县北门内石碛上。明洪武二年，知县王思恭建。正德十年，严祚重修。嘉靖亦以倒毁。三十二年，知县鲁彭复建。万历年间，移于朝阳市之东。"❶ 更早的正德《琼台志》亦明确记载："天妃庙，在县北。洪武二年，知县王思恭建。正德丙子，知县严祚重修。"❷ 载琼海的其他地方亦有多处天妃庙，如仅据乾隆《会同县志》载当时就有六座之多❸："天妃庙，旧在县治东。康熙二十四年，邑侯胥锡祚捐资迁建于县治之东。又在加积市南顺天妃庙一，东新天妃庙一，福建天妃庙一；在镇安市天妃庙一，黄藤市天妃庙一。"❹ 琼海地区的三江晶信夫人信仰亦是源远流长。据载："三江庙，在县东十里博敖浦。宋天圣元年，乡人建，祀三江晶信夫人。国朝洪武三年，取勘祀典神祇，知县王思恭达其能祛疫厉，兴云雨，请赐今封，入祀典。岁以七月二日特牲致祭。"❺

博鳌水城盂兰妈祖庙，位于三江入海口海边，因为"位居鳌穴，灵气非凡"。面前后殿分别为妈祖庙与盂兰庙。据庙侧碑文载："庙内供奉着海南岛上唯一一尊妈祖神像，及南海观音圣公石伏鳌的四面显灵神像。据史料记载，唐朝高僧鉴真六次东渡日本，不幸遇上海难漂泊到博鳌，并在妈祖庙举行隆重的朝拜仪式；郑和七下西洋，四次专程到此朝拜妈祖，祈求出海平安顺利。妈祖庙千百年历经沧桑，但由于它的灵气所在，至今香火不断，岛内外朝拜者连年络绎

---

❶ ［清］陈宗琛，等.（康熙）乐会县志［M］. 康熙八年本. 海口：海南出版社，2006：49.
❷ ［明］唐胄.（正德）琼台志［M］. 海口：海南出版社，2006：550.
❸ 今琼海地区，大概包括明、清、民国时期的原乐会、会同二县所辖地区。
❹ ［清］于煌，等.（乾隆）会同县志［M］. 海口：海南出版社，2006：39.
❺ ［明］唐胄.（正德）琼台志［M］. 海口：海南出版社，2006：550.

不绝,在清朝康熙年间,曾被康熙大帝赐封为"天下第一神庙"。其中所言,如历史上鉴真、郑和等曾前来朝拜等不无牵强附会之处,其建庙历史也未必有千百年之久,但其作为当今琼海地区较为重要的妈祖信仰祭祀场所,及至如今"庙作为博鳌鳌头的精神图腾,备受各国政要青睐。据统计,自'博鳌亚洲论坛'成立至今,已有包括中国在内为数上百人的各国政府首脑、要员及工商界知名人士来此敬香参拜,祈福天下太平福泽苍生"。妈祖庙面向大海,庙门联云:"桐幽慜显赖胜会救倒悬;崇德报恩供慈而求解脱。"庙内除了供奉妈祖、四面显灵神像,还祀奉"海洋结义108兄弟神位""山水二类五姓孤魂之神位"等神灵牌位。

加积溪头南天圣娘庙,位于琼海嘉积镇万泉河琼海大坝一侧。据传该庙创建于明代永乐十七年,现内祀南天圣娘、李大元帅、左右两位将军等神。由于地势低洼,多年水浸,经热心人士倡议,2016年6月15日开始在原址改建。南天圣娘庙所祀为地方性的神灵,也是琼海地区每年二月初军坡活动的主要场所。

万宁市位于海南岛东南部沿海,沿海地区汉族、黎族、苗族同胞、疍家渔民等多以捕鱼为生。万宁地区的海神信仰文化亦丰富而独特,历史上所信仰的海神主要有妈祖(天后、天妃)、海港之神等。据正德《琼台志》所载海南岛最早的几座妈祖庙,其一即在万宁。清代时期,境内有多处天后庙:"一在城东迎恩街。万历中,廪生曾绍科募建,后庙三间,知州范廷言捐修门楼五间。一在朝阳街,五邑客建,又一在朝阳街,潮邑客建,一在东澳市,一在草子坡墟。"❶ 这里值得注意的是，当时万州地区的天后庙有两座分别为来自五邑（今广东江门）和潮邑（今广东潮州）移民所建，相对于本地居民所建天后庙，它们更多能体现出当时的移民文化。而其时的海港之神信仰，更加体现出外来民族的异地文化。据载："昭应庙，在城东北莲塘港门，神名舶主。明洪武三年，同知乌肃以能御灾捍患，请敕封为新泽海港之神，祀用羊鸡鹅鸭，甚忌豚肉。往来船只必祀之，名曰'番神庙'。"❷ 这里人们祭祀新泽海港之神，"祀用羊鸡鹅鸭，甚忌豚肉"，是典型的受到伊斯兰信仰文化的影响；且"往来船只必祀之，名曰'番神庙'"，过往商船和渔船的商人、渔民及船员都信奉，说明其神与外国人所信仰的神灵具有一定的共同性。

万宁位于海南岛东南沿海地区，多遭台风、飓风侵袭，故自古也有祭祀飓风神的信仰习俗。据康熙《万州志》载：在天妃庙前堂有飓风亭，"以旧志所云，飓风之神，设亭致祭，数年不作。一不祀，而一年数作。果其造祸造福切于民若是，则无嫌数数祀之，良有司事耳"。❸ 又载："旧志曰：立春前一日，州所官僚盛服于东关飓风亭，祭勾芒神。既竣，以优人扮故事，为春牛前导。牛过，群谷豆掷之，曰'压痘疹'。次日，鞭其牛令碎，曰'鞭春'，争取以补灶焉。"❹ 因当地多受飓风之灾，故此建立飓风亭献贡祭祀飓风神，以免遭风害；而一旦不祭祀，一年就会有多次飓风侵袭。在立春前后，在飓风亭祭祀勾芒神（传说中掌管农事的神祇），并有

---

❶ [清] 杨士锦, 吴鸣清. (道光) 万州志 [M]. 海口：海南出版社, 2004：343.
❷ [清] 杨士锦, 吴鸣清. (道光) 万州志 [M]. 海口：海南出版社, 2004：343.
❸ [清] 李琰. (康熙) 万州志 [M]. 海口：海南出版社, 2004：141.
❹ [清] 李琰. (康熙) 万州志 [M]. 海口：海南出版社, 2004：138.

"压痘疹""鞭春"等仪式。

陵水位于海南岛东南部,南与三亚相邻。所信仰传统海神有天后(妈祖)、龙王等。如道光《琼州府志》载:"天后庙三,一在北门外,明万历三十五年知县沈应礼捐建,国朝康熙三十六年知县李聘率邑人重建。一在城南。一在上灶村。"❶妈祖信仰、龙王信仰流传至今。

城内龙王庙为清代遗址,1990年7月被公布为县级重点文物保护单位。乾隆《陵水县志》载:"龙王庙三:一在城南,国朝乾隆五十七年知县瞿云魁重建;一在桐栖港,内有部主庙;一在赤岭。"❷这里的"城南"龙王庙当是保存至今。

港门婆祖庙位于陵水黎安村港门海边老猫岭的石崖上,内所祭祀的是渔民的保护神妈祖;老猫岭下海边重建有108兄弟庙,他们都被视为出海渔民的"保护神"。

(二)中部地区

海南岛的中部地区包括五指山、定安、屯昌、琼中、保亭、白沙等市、县。从地理区位来看,这六个市、县均位于海南岛中部,并不滨海,且多为少数民族聚居的市县(五指山市原为通什市,其享受民族自治政策待遇,白沙为黎族自治县,琼中、保亭为黎族苗族自治县),看似应与海神信仰关系不大。特别是在古代历史上很长一段时期,中部地区作为黎族、苗族等少数民族聚居地区,其经济、社会、文化等并不被当时的统治者所熟知,载诸汉文字文献史料的

---

❶ [清] 张岳崧.(道光)琼州府志 [M]. 海口:海南出版社,2006:403.
❷ [清] 瞿云魁.(乾隆)陵水县志 [M]. 海口:海南出版社,2004:83.

记载也比较有限。但同时应该注意到，海南岛作为一个海岛，其海洋文化与地缘文化具有较强的一致性。且各个市、县之间的文化，包括民间信仰文化自古以来经常相互之间交错影响，如定安与琼山（今属海口市）、文昌等地地缘接近，经济、文化交往也颇为密切；历史上保亭人民通常也会顺河而下，经陵水而入海捕鱼。所以，在海南岛中部地区一些市、县的民间信仰文化中，也保留有海神信仰文化，或者是受到海洋信仰文化的影响。

定安县位于海南岛的中部偏东北，东临文昌市，西接澄迈县，东南与琼海市毗邻，西南与屯昌县接壤，北隔南渡江与海口市琼山区相望。定安县境虽然没有濒临海洋，但是自古以来与周边的澄迈、琼海、琼山等地相毗邻，人们关系密切和交往频繁，其民间信仰亦保留了较多的海洋信仰文化因素。在明朝时期，即由广东的南海、顺德和新会三县商民在城中街创建天后庙，将天后信仰传入定安；该庙在清朝康熙时期官民都有捐助、重建。宣统《定安县志》载："县衙前东边铺一间，在三角铺右，广商置为香灯。内翰坊下东边第五间铺两进，福诚社与梁飞龙买置；庙右铺内外二间，亦广商置，皆为饰神像之费。北门街口铺一间，坐北向南，为天后、观音两神诞费。"[1] 即谓，天后庙在县城内还附属有广东商户、本地官民等购置商铺若干，其收入以资香灯、神像、诞辰祭祀等费用支出。此外，定安境内还有龙王庙、泰华庙、水尾庙等，祭祀信奉龙王、泰华三仙、水尾圣娘等海洋神灵。

定安地区亦有水尾圣娘的信仰。但定安地区信众与文昌地区信

---

[1] ［清］宋席珍.（宣统）定安县志［M］.海口：海南出版社，2004：163.

众，二者关于水尾圣娘的来源存在一些分歧和争议。文昌地区有信众认为，在明代正德年间（1506—1521年），清澜所建水尾庙，祭祀南天夫人，就是后来海内外群众所信奉的水尾圣娘，即皇帝敕封的"南天闪电感应火雷水尾圣娘"，水尾圣娘信仰至今已经有五百年左右的历史。而定安地区信众认为，所谓水尾圣娘就是岭口镇水尾田村水尾圣娘庙所祭祀的莫氏夫人。"水尾圣娘本名莫丽娘，元末明初出生在琼州府定安县梅村峒龙马村（现定安县岭口镇水尾田村），父亲为莫家十四代祖莫素，母亲是刘妹。丽娘16岁时下地干活，再也没有回来。据言被天府玉帝选中，肉身归天，成为圣娘。今族人尚尊其为'圣旨婆祖'，并建有庙宇供奉。"❶据其传说，文昌显灵的水尾圣娘，其来源是定安水尾田村的水尾圣娘。

（三）西部地区

海南岛西部地区包括了儋州、东方、澄迈、临高、乐东、昌江六个市、县。一般而言，海南岛西部地区的文化和习俗，与其东部地区有着一定的差异，呈现出自己的特色。如在海神信仰方面，峻灵王信仰就为海南岛西部的昌江、东方、临高、儋州、澄迈等地区的人们所重视。但天后（妈祖）、龙王、108兄弟公等海神信仰，在西部沿海地区也是广为流行。

儋州是海南岛历史上最早置郡归属中央政权管辖的地方之一。公元前111年，汉武帝派伏波将军路博德、楼船将军杨仆率军平定了南粤地区，次年（前110年）在岭南地区设置了九个郡，其中就包括位于海南岛的珠崖和儋耳两郡，儋耳即在今儋州境内。所以，

---

❶ 詹贤武. 海南民间禁忌文化［M］. 海口：海南出版社，2008：288.

第二章 | 海南海神信仰的现状分布

在儋州历史上，其传统海神信仰包括伏波将军信仰、峻灵王信仰、龙王信仰、天后信仰等。如伏波将军信仰，在儋州可以说是源远流长，至今仍有伏波古庙、"白马井"遗址以及伏波将军马援的传说："白马涌泉位于白马井镇勒口井村之西，距海滩50余米，井边用石砌成，井口略高，呈方形，深1.2米，直径0.92米，泉涌不断，水清甜，井旁西有一伏波古庙。据传公元42年（东汉建武十八年）伏波将军马援官军2万余人南征到此。是时天气炎热，兵马疲劳饥渴，大将所乘的白马用蹄在草地踹掘，顿时甘泉涌出。后人在此挖井取水，名曰'白马井'。雅称'白马涌泉'。"❶

在明清时期，儋州地区有多座天妃庙：其一"在城西五里军船厂"❷；一于丙寅年（1686年）"迁建于西楼"❸；一于万历丁酉（1597年）"创建于朝天宫"❹；还有一个"在销皮街"❺。其中位于城东门外大街尾的，又叫"朝天宫"："明万历丁酉，吏目周行率商人创建。清初为广府会馆。道光间，城民增建头门外戏台，庙地前后环水，最为清爽。光绪十八年，城绅谢尚珍设教于此，倡捐重修，庙宇一新。毁于民九之难。"民国"二十三年，国民革命军独立团第三营营长何宗范捐俸及本城市政会拨款改建中和镇市场于旧址。"❻关于"在销皮街"的天后宫则载："清初为福潮会馆。上下两进，

---

❶ 儋县志［M］. 北京：新华出版社，1996：621.
❷ ［清］韩祐.（康熙）儋州志［M］. 海口：海南出版社，2004：121.
❸ ［清］韩祐.（康熙）儋州志［M］. 海口：海南出版社，2004：121.
❹ ［清］韩祐.（康熙）儋州志［M］. 海口：海南出版社，2004：121.
❺ ［民国］王国宪.（民国）儋县志［M］. 海口：海南出版社，2004：248.
❻ ［民国］王国宪.（民国）儋县志［M］. 海口：海南出版社，2004：247.

中有靖海四角亭，前后两溪环绕，乡先生多教读于此。民九毁于土匪。"❶ 上述两座天后宫分别"毁于民九之难"与"民九毁于土匪"，其中所指是"民国"九年，即1920年儋县县治所在地中和镇被城外村人焚毁，县府被迫迁出，因此两座天后宫当皆毁于大火。此外值得注意的还有两点：其一，在清初的时候，它们分别是广府会馆和福潮会馆，即作为广东、福建等外地商人在该地的联系沟通、联络乡情的场所；其二，它们同时还是设教育人的重要场所。由此，也体现出妈祖信仰的重要文化特征。

东方市位于海南岛西南部，其行政区划始于西汉武帝元封元年（前110年），设九龙县，隋朝改称"感恩县"，新中国成立后名称几经变更，1987年设东方黎族自治县，1997年撤县设市，仍享受民族自治政策。元朝时期，海南岛最早仅有几座天妃庙，其中一座即在东方（即原感恩县）："天妃庙，在县西，元乡人韩德募建。"❷ 而据乾隆《琼州府志》载还有一座天妃庙"在县北"❸。汉代伏波将军声名远播，现东方市先仍保存有据传始建于汉代的伏波井："马伏波井位于罗带乡十所村。马伏波井（俗呼老马井），始建于东汉，相传东汉光武帝建武十九年（43年），伏波将军马援率军平定交趾征侧、征贰姐妹叛乱后，路经海南，驻防在十所时所凿。井西边原有伏波祠，久废。清乾隆辛巳（1726年）冬，琼镇都督山右解逊为该井题'汉马伏波之井'。清末附贡唐之莹，现代大文豪郭沫若等不少文人

---

❶ [民国]王国宪.（民国）儋县志 [M].海口：海南出版社，2004：247.
❷ [明]唐胄.（正德）琼台志 [M].海口：海南出版社，2006：560.
❸ [清]陈景埙.（乾隆）琼州府志 [M].海口：海南出版社，2006：278.

墨客为该井题诗。"❶ 如上所述，伏波祠虽然久已废弃，但是伏波井至今井水清洌可口。唐之莹、郭沫若等人题词碑刻亦得以完好保存。

将军庙位于东方市八所镇墩头村，即原墩头镇政府所在地。该庙始建于清代嘉庆年间，据传墩头渔民们在一次捕鱼的时候捞获一尊"将军公"雕像，他们把雕像珍藏起来。此后，渔民每次出海捕鱼都能满载而归，由此大家以为是这是神像护佑显灵，因此建庙祀奉，每次出海前渔民们都会来到这里焚香祭祀，祈祷保佑平安和捕鱼丰收。"将军庙为中国古典式的四合院式格局，方向坐北向南，分正堂、两庑、山门三部分组成。山门为硬山顶式，铺红瓦，瓦滴水为剪边绿琉璃瓦。门槛、门枋、门柱均为黑色花岗岩条石制作。门额上方镶有一块大石匾，匾宽198厘米，高67厘米，楷书阴刻"将军庙"三个大字，每个字大53×40厘米；落款为林树敏书四小字，每个字大7.5×6厘米；前檐板雕有鱼、龙、花朵等图案，皆作鎏金。"❷ 后该庙在"文革"中因故受到损毁，"将军庙"石匾被敲碎。1983年，原墩头镇将庙拆除，建立镇政府办公楼，将军庙建筑全部损毁，仅剩残垣断壁、石柱、石碑等。今有信众在原址设像崇拜，即将原墩头镇政府楼后食堂作为庙宇，重新祀奉将军公，衬祀108兄弟公神等灵牌位。庙门口地上有"将军庙"石匾残存石块。

澄迈县毗邻海口市西南侧，自古亦有伏波将军信仰、天后信仰等，据光绪《澄迈县志》载，有伏波庙二：其一"旧在县东南二里"，宋代所建，明清屡迁建、重修；其二为南辽伏波庙，"在石岭

---

❶ 东方县志［M］. 北京：新华出版社，2011.
❷ 郑瑶新. 东方市文物志. 海南万乘印刷有限公司印刷，2013：211.

西南方"。又有天妃（后）庙二：其一"旧在通潮阁右"，明清屡有迁建、重修；其二"在那托都道僚铺"❶。澄迈县马村至今亦流传马伏波将军带兵南征、来琼开拓的传说："有一天，他在那合河洗澡着了凉，北归后不久辞世长眠。"❷ 马村人视伏波将军为圣祖，为了纪念伏波将军，为之雕刻金躯，修建庙宇，供奉祭祀。值得注意的是有志书强调说："两伏波有功珠崖，郡邑俱立庙祀，载在祀典，非淫祀比。"❸ 由于两伏波将军有功于珠崖地区，在各个均县基本上都立庙祭祀；并且祭祀伏波将军是记录在官方祀典的正式祭奉，而不是民间乡人的"淫祀"。目前，澄迈全县共有妈祖庙、天后庙、天后宫和供奉妈祖神像的公庙20余座。其中桥头镇道僚村的龙吉天后宫，老城东水上港、下港的天后庙，2012年被授予省级非物质文化遗产保护单位❹。特别是龙吉天后宫始建于宋朝，至今已有700多年的历史。

临高在隋代开始设县，名毗善县，属珠崖郡；唐朝玄宗时更名临高。1958年11月，临高与澄迈合并为金江县，1961年5月，临高又从金江县分出。临高位于海南岛西北部，北部濒临琼州海峡，西北部濒临北部湾，其新盈港和调楼港为海上交通运输重要港口。临高由于濒临海，其民出海捕鱼、渡海出行，多信奉天后（天妃）、关帝、观音等。明清时期有天妃庙在"县城之东郊，明成化甲辰主

---

❶ [清] 陈所能，等.（光绪）澄迈县志 [M]. 海口：海南出版社，2004：112-114.
❷ 马村志 [M]. 海口：海南出版社，2002：171.
❸ [清] 高魁标.（康熙）澄迈县志 [M]. 康熙四十九年本. 海口：海南出版社，2006：346.
❹ 李佳飞，陈超. 澄迈纪念妈祖诞辰1056周年 [N]. 海南日报，2016-05-03.

簿曹敏建。嘉靖二十八年，县丞周鸾迁建于临江桥东。万历四十六年，知县柯重光重建，复圮。国朝顺治十八年，知县蔡嘉祯重建。康熙九年，训导陆高古捐修。十一年，为飓风所撼，高古仍捐复。三十一年，知县史流芳重修。四十四年复圮，知县樊庶重建。"❶ 明清之际，该天妃庙虽经年累月多次损毁，但是都有官民捐资重修，可见民众信奉之盛。当时还有峻灵王信仰，据康熙《临高县志》载："峻灵王庙，在县治西门内，其神又在昌化西北二十里……其建庙塑像于临者，分祀也。日久倾圮，国朝康熙四十三年，知县樊庶捐俸鼎建，有祷辄验。"❷ 可知临高所建的峻灵王庙是昌江峻灵王的"分祀"所在，即其所供奉信仰的同样是峻灵公。而在康熙四十三年（1704年）捐献自己俸禄重建峻灵王庙的知县樊庶，即是康熙《临高县志》的纂修者。作为一县长官的樊庶既修书，又建庙，算是重视文化事业，亦可见当时海神信奉之盛。

乐东位于海南岛西南部，靠山临海，南毗邻热带旅游胜地三亚市，北接西部工业重镇东方市，西部面朝大海。自宋代以降至民国中期，乐东地区为崖州所辖，1935年4月，广东省将昌江、感恩、崖县部分黎族人民聚居地区划出，设立乐东县。1987年设立乐东黎族自治县。乐东虽为黎族人民聚居地区，但是沿海人民多以出海捕鱼为业，亦多信崇天后（妈祖）、峻灵王、关公、龙王等海神。海南岛人民信奉关公，不完全似内地地区，通常多有海神信仰的性质。人们将之视为海神，不仅出海之前祭拜，渔船上通常也会设有关公

---

❶ [清] 樊庶.（康熙）临高县志 [M]. 海口：海南出版社，2004：70.
❷ [清] 樊庶.（康熙）临高县志 [M]. 海口：海南出版社，2004：71.

神像，予以崇拜。

罗马天后宫，又称为罗马妈祖庙，位于乐东九所镇罗马村南边。该庙始建于明代，清乾隆十一年重修，1964年被拆毁，1984年重建天后宫。现存天后宫为两进建筑：第一进为亭，亭上方正中写有正楷体字"天后宫"；第二进有宅三间，中间为正堂，内挂有"天后圣母"画像，左右各有厢房。宫右角立有一尊石刻神像。又有铸造铁钟，钟高52厘米，底口径36厘米，外口径42厘米，钟上铸有狮子，钟身阴刻楷字"风调雨顺国泰民安"。铁钟落款为"乾隆十一年丙寅岁孟冬月谷旦仝立"。

黄流关公庙，俗名"关帝庙"，位于乐东黄流村南边，坐北向南，始建于清乾隆年间，内祀奉十余尊神像。自建庙以来，香火鼎盛，但庙宇、神像均毁于1958年"大跃进"期间。1995年7月，黄流地区群众集资，在原关公庙的旧址修建黄流文博馆。文博馆占地50亩，馆内藏当代雕塑家林毓豪雕塑的关公坐像。

莺歌海新村关圣帝君庙，始建于宋朝末年，内有关云长和文昌帝君塑像。1943年8月，该庙被日寇拆毁；1958年，所余留砖石又被拆除用来修建高炉"大炼钢铁"。1995年6月，村人捐资重建关帝庙，内塑关公坐像高1.3米，重400斤❶。

昌江县位于海南岛西部，东方市北端。昌江县原为昌化县，由于与浙江昌化县同名，因发源于五指山的昌化江贯城而过，故于1914年改为昌江县。1950年5月，昌江、感城二县解放，成立昌感县。1962年5月，复立昌江县；1987年，设立昌江黎族自治县。昌

---

❶ 乐东县志 [M]. 北京：新华出版社，2002.

江地区人们多信奉峻灵公、天后等海神。载诸史志的峻灵王（公）庙有两座："峻灵王庙，一在坞坭港口，一在千户所南。神甚灵应，东坡有记。"❶ 正德《琼台志》则明确记载："神山峻灵王庙，在县北北岸都乌坭港口，五代乡人建。国朝洪武己巳，知县姚源重建。"❷ 即谓峻灵王庙始建于五代时期，历代又有重建。峻灵王之初当是山神，因其庙依山临海，后来也成为人们普遍信奉的海神。关于天后宫，光绪《昌化县志》载："天后宫在城西小岭上，知县璩之璨等捐修。……乡人于水旱、疠疫、海警求祷辄应。今渡者祭卜方行。"❸ 这里所记天后（妈祖）颇为灵应，当地百姓在大水干旱、发生灾疠、海上遇难等情形的时候，祈祷都有应验，得到妈祖护佑。因此，人们在渡海出行之前都会祭祀祈祷，才开始启程。

（四）三沙地区

三沙地区自古以来就是中国人民"下南洋"、远涉重洋的海上要道，也是海南渔民出海远洋捕鱼的"祖宗海"。2012年6月21日，民政部网站发布公告，宣布国务院批准设立地级三沙市，管辖西沙、中沙和南沙诸群岛及其海域。这也意味着我国对于西沙群岛、中沙群岛和南沙群岛及其海域的行政管理体制进一步完善。

自古至今，在三沙地区诸群岛中，留下了中国人民特别是海南渔民经略南海的足迹，也留下了丰富的海神信仰文化。其中一些建筑、遗迹等虽然遭受破坏，但仍能反映出海南海神信仰的部分内容。

---

❶ [清] 陈景埙. (乾隆) 琼州府志 [M]. 海口：海南出版社，2006：275.
❷ [明] 唐胄. (正德) 琼台志 [M]. 海口：海南出版社，2006：554.
❸ [清] 李有益. (光绪) 昌化县志 [M]. 海口：海南出版社，2004：161.

据相关研究统计,在三沙地区,仅"西沙群岛有20座以上的庙宇古迹"❶,其中所涉基本上都是与海神信仰相关。主要是:永兴岛有孤魂庙1座,珊瑚岛有金沙庵1座,甘泉岛有孤魂庙3座等。而在南沙群岛、中沙群岛亦多有中国历代渔民所筑海神信仰庙宇分布。"目前,南沙群岛有据可查的庙宇史迹,共有太平岛(中国台湾管辖)、中业岛(菲律宾侵占)、南子岛(菲律宾侵占)、北子岛(菲律宾侵占)、西月岛(菲律宾侵占)、马欢岛(菲律宾侵占)、南威岛(越南侵占)、南钥岛(越南侵占)、奈罗礁(越南侵占)、鸿庥岛(越南侵占)等岛屿。"❷

总而言之,在西沙群岛、南沙群岛等诸岛中,海神信仰的庙宇较为常见,可以说遍布诸岛。常年出海捕鱼的渔民亦口述:"在南沙各岛,凡有人住的地方都有庙,铁峙、红草、黄山马、奈罗、罗孔、第三、鸟子峙等岛都有我们渔民祖先建造的珊瑚庙。渔民到南沙后都要到庙里去祈求保佑平安和生产丰收。"❸而其中所谓"珊瑚庙"主要是孤魂庙居多,它们主要是来此捕捞的渔民以及经此海域的海船上的商贾、水手、船员等信奉祭祀108兄弟公而建筑。"这种庙(孤魂庙)数量甚多,几乎各岛均有,仅西沙群岛就发现了14座,分布在东岛、赵述岛、北岛、南岛、永兴岛、琛航岛、晋卿岛、广金岛、珊瑚岛、甘泉岛等地,在南沙群岛的双子礁、中业岛、太平岛、南钥岛、南威岛、西月岛、马欢岛等地也有。庙的规模同内地乡村的土地庙差不多。渔民们就地取材,用珊瑚石板或石块砌造。

---

❶ 陈进国. 南海诸岛庙宇史迹及其变迁辨析[J]. 世界宗教文化, 2015 (5).
❷ 陈进国. 南海诸岛庙宇史迹及其变迁辨析[J]. 世界宗教文化, 2015 (5).
❸ 韩振华. 我国南海诸岛史料汇编[M]. 北京: 东方出版社, 1988: 416.

有些庙中设有神像或供器，还有门额、对联和神主牌。"❶ 据在西沙群岛的考古调查发现，在大多数岛屿上都有珊瑚石砌成的古庙遗存，"关于庙的名称，海南岛渔民们分别称之为石庙、公庙、神庙、土地庙、娘娘庙等，最常见的则是'孤魂庙'或'兄弟孤魂庙'"。"关于建造孤魂庙的具体年代，文献上虽然未见明确记载，但可以从遗留下来的庙址、文物和渔民传说等方面进行考察。从残存的珊瑚石古庙建筑废址可以看出，这些庙一般都经过多次重建和修缮，珊瑚石质虽相同，可呈现的石结构和色泽却有一定的差异，这说明受风雨侵蚀的时间有长不一，故珊瑚石风蚀程度不同，其表面的石色参差有别，应同古庙所建筑的时代早晚有关。佛像和供器，明代、清代和近代的都有，可见经过一再的更替补充，反映出我国渔民千百年来一直不间断地在这里居住和从事生产活动。……因而可以认为西沙群岛的孤魂庙有些早在明代就已经建造，明代以来又不断地增建、重建和修缮。"❷

孤魂庙，后又称作"兄弟公庙"。因为出海捕鱼的渔民一般都是男性，之间多以兄弟相称。建立孤魂庙、兄弟公庙，既是渔民们对丧生大海的渔民兄弟的缅怀与纪念，也是祈求他们的英灵能够保佑大家。在海南岛的文昌、琼海等地，也流传有108兄弟公传说故事，亦可作为纪念丧生大海的渔民兄弟的英魂。

永兴岛兄弟公庙，原为孤魂庙，位于西沙永兴岛港口旁。永兴岛原有孤魂庙和黄沙寺各一，分别位于岛的南部和北部，其名具有

---

❶ 何纪生. 海南岛渔民开发经营西沙、南沙群岛的历史功绩[J]. 学术研究，1981（1）.

❷ 郝思德. 南海文物[M]. 海口：南方出版社，2008：137-139.

"孤魂渺渺"和"碧血黄沙"的意味，由此可见古时航海技术不发达，远洋捕鱼渔民冒着随时丧命危险的孤寂与痛苦。笔者曾于2013年底、2014年初前往永兴岛调研，在岛上即发现曾在岛上停留的渔民所兴建的兄弟公庙。据了解，当年曾有渔民利用珊瑚礁石修筑四方单间屋，用以祭拜108兄弟。曾有对联云："兄弟感灵应，孤魂得恩深。"而我们所见庙宇已是水泥砖石建筑，大概于1993年重建，门前对联云："春亦有情，南海喜逢鱼弄月，人得其志，春风和气鸟逢林。"该庙是在西沙捕鱼渔民驻足永兴岛，祭拜108兄弟公等众神公祈求保佑的场所。笔者拜访时，见到庙前一地的鞭炮纸屑，庙内青烟缭绕，可见当地渔民及登岛民众前来祭拜之信众不绝，香火旺盛。

珊瑚岛上有金沙庵，庵内有联云："金波碧浪朝圣庙，沙聚银滩立古庵。"是为赵不波1889年所赠。据陈进国先生论文所引述："庵为近代补修，有水泥筑墙，所供雕像为一头戴帕巾、双手持炉的神主，像系花岗岩雕造，黏有珊瑚灰礁，当为渔民从海礁中捞得供。"❶ 该段文字是王恒杰论述金银岛所见金沙庵情形，但据陈进国查证，这里的"金银岛"当是"珊瑚岛"之误。

在甘泉岛，据王恒杰先生于1991年五六月曾前往西沙群岛实地考察发现："全岛共有三座小庙，即渔民通常所说的'孤魂庙'。岛南有两座，一座为砖泥筑，高4米余，宽、长各1米余，庙顶及后墙皆已毁掉，庙内土台上已长满剑麻。这是一座较古老的庙，但亦属明以后所筑。另一座位于前者西侧5米余，高不及1米，用珊瑚

---

❶ 陈进国. 南海诸岛庙宇史迹及其变迁辨析[J]. 世界宗教文化, 2015 (5).

礁堆筑，庙前尚有供物及残香，应系渔民近几十年所筑。第三座庙立于岛西侧，用珊瑚礁及水泥筑成，高2米、宽2.8米，中开小门，门向东，内有龛桌，上有一供碗。"❶ 事实上，南沙群岛、西沙群岛等在其他岛屿上的孤魂岛与甘泉岛上的类似，一般都是规模不大，有大有小。有的甚至只是就地取材，用珊瑚石堆砌成的小庙，如同内地常见的土地庙。但是这些孤魂庙，成为远离家乡、远离海南本岛的渔民祭祀海洋神灵的主要形式，也是其重要的精神寄托。

位于南沙群岛北部的北子岛是中国固有领土，1971年后为菲律宾非法侵占。现除菲律宾军队驻守之外，并无居民居住。但是在以前，却是中国渔民驻足居住之处，并留下了生活建筑、庙宇与传说故事等。据《中国民间故事集成·海南卷》所载许和达1983年于南沙群岛的民间故事："相传清代同治年间，老渔民吴口天在石塘，也就是今天的南沙北子岛附近打鱼。……从清澜港来南沙群岛捕鱼的渔民发现了吴口天老汉的遗体，都痛哭流涕。大家用木板钉了一副棺材，把他安葬在北子岛上，为他修建了一座孤魂庙，还用这段木头雕了吴老汉的塑像，放在庙中。每月初一、十五，渔民都到这庙里拜祭，永远纪念这位勇斗妖婆娘的老汉。"❷ 可见在北子岛，不仅有中国渔民驻足与生活，而且还留下了人们关于海神信仰的庙宇场所。

位于南沙群岛的太平岛，现为台湾实际管辖。自古以来，中国渔民在这里生活栖息，并立庙祭祀信仰天妃与伏波神。海南渔民俗

---

❶ 王恒杰. 西沙群岛的考古调查[J]. 考古，1992（9）.
❷ 陈进国. 南海诸岛庙宇史迹及其变迁辨析[J]. 世界宗教文化，2015（5）.

称太平岛为"黄山马",据20世纪70年代整理的曾前往南沙捕鱼的海南渔民的口述:"在黄山马,还看到我们渔民先辈所建的天妃(天后婆)庙,用珊瑚砌成低矮的小庙,我们到岛后都要去祈求保佑平安,这天妃庙建成至此至少至少也有百年历史。"[1] 1957年成书的张振国《南沙行》中也记载了在太平岛上的一座土地庙,庙的"门上悬有'有求必应'四个鲜明大字,这是我们祖先留下来的遗迹""那是几块宽大的石板所架成,三尺来高,二尺多宽,中间供养着石质的土地神像,虽经多年风雨的侵蚀,而且已经剥杂模糊,而其雕塑的衣冠形式仍隐约可辨"[2]。

二、崇拜海神信众之分析

作为民间海神信仰的物质载体,各种民间庙宇可以说遍布海南岛。随着庙宇的修葺和重建,海神信仰文化复苏,信众也逐步增多。除了主动捐资捐款修建庙宇的信众,该庙宇所在村墟,其村民、社区居民对于海洋神灵大多也有着虔诚的信仰。当然,不仅仅是关于海上捕鱼、行船等,人们对于海神的信仰也包括了生活各个方面的希望和寄托,如祈求家庭和睦、身体健康、邻里和谐甚至是升官发财、生儿育女等,普通群众都是通过这种民间信仰方式进行祈祷,投射出自己朴素的希冀。我们以下对崇拜海神信众之分析,只是选择渔民、普通市民、移民、少数民族等海神信仰信众的几个主要群

---

[1] 韩振华. 我国南海诸岛史料汇编[M]. 北京:东方出版社,1988:425.
[2] 韩振华. 我国南海诸岛史料汇编[M]. 北京:东方出版社,1988:119.

第二章 | 海南海神信仰的现状分布

体进行粗略分析,即试图对海神信仰的主体做一不完全归纳的分析,其分析并不完全穷尽信仰之主体。

(一) 渔民

海南岛作为我国南海最大的岛屿,千百年来人们世世代代生活栖居在这里,面海而居,向海而生。他们的生活与海洋相关,大多也以海为生计来源,常年出海捕鱼、捞取螺、海参等海产品。特别是在海南岛沿海地区,人们不仅在海南岛周边海域及北部湾海域捕鱼,甚至远至东沙群岛、西沙群岛、南沙群岛等海域捕鱼、捉螺。可以说整个南海海域,几乎都有海南人民的足迹,他们也将南海作为世世代代以来赖以为生的"祖宗海"。而南海诸群岛的考古发现、海底考古发现、渔民口口相传的航海捕鱼故事、海南渔民手抄相传的"更路薄"等,都成为他们以海为生、经略海洋的重要证据。

在千百年来"面海而居,向海而生"的历史长河中,海南渔民也形成了丰富的海洋信仰文化。他们以海为生活,也以海为信仰,在与海洋打交道的过程中,由衷地信奉海洋神灵,希冀海洋神灵的护佑。特别是在出海途中经常会遇到恶劣天气、风涛巨浪等困境时,祈求海神保佑成为他们重要的精神支柱。如有前往南海捕鱼的渔民口述说:"出海经常会遭到风险,有一次,从清澜开船往南沙,途中遇到大风,船上的东西都翻了,我们央求'108个兄弟公'保佑,在海上漂流七天七夜,最后飘到越南的白马,幸好,人都活着。"[1]故渔民民间曾传颂一首诸海上神灵的诗:"策赐山峰布斗,明芝兴德显身,顺赞天后圣母元君,左千里眼神将,右顺风耳守海将军,掌

---

[1] 韩振华. 我国南海诸岛史料汇编[M]. 北京:东方出版社,1988:411.

仓掌库天仙大王，猫注娘娘马伏波爷爷，108 兄弟公，男女五姓孤魂。"❶ 这些海神共同护佑着海上的渔民。

海南渔民及其家庭成员对于海神信仰，主要有两种方式，一种是前往庙宇祭祀，另一种是在渔船上安放海神神主予以祀奉。所以，在海南岛沿海地区的渔村，几乎每一个村庄都建立有自己的海神庙宇，其内所祀奉，既有妈祖、南海龙王等大家所熟知的海上保护神，也有本地所独有的神灵，一般以"××夫人""××圣娘""××公"等称之。而在出海捕鱼的渔船上，渔民常常会安放有神灵牌位，在航海捕鱼的时候进行祭祀。如据社会调查，在海南临高县的一些渔村，"渔船上设有'鲁班大师'的牌位，并且在每次撒网之前都要给鲁班大师像上香，并祈祷这一网有很大的收获。新盈镇昆社渔村渔船上牌位提及的神灵有鲁班师傅至巧大神、忠显灵应大侯王、观世音菩萨、司禄梓潼帝君、关圣帝君、御天显应法师、座道灵公天英上帅等，临高县调楼镇渔村渔船上牌位提及的神灵有广德明王、广德明德大王、英烈天妃、青帝铁笔辛天君、鲁班师傅至巧大神、五灵五显火光大帝、赵马将军、（船头船尾）二大将军等，可以看出，渔船上尊奉的神灵除了天后娘娘与鲁班大师与广德明王以外，还有菩萨、关帝以及其他神灵。……海南渔村的渔民在其船上接纳了这么多的神灵，看来是来者不拒，只要对渔民有用的、能够带来平安和好处的神灵，渔民都予以接受"。❷

---

❶ 韩振华. 我国南海诸岛史料汇编 [M]. 北京：东方出版社，1988：415.
❷ 陈智勇. 海南海洋文化 [M]. 海口：南方出版社，2008：117-118.

第二章 海南海神信仰的现状分布

（二）普通民众

海南的民间信仰，特别是海神信仰与大陆地区具有一定差异。其中一个特征体现为，在内地的一些神灵，本与海洋没有什么关系，但是在传入海南岛之后，却具有海神信仰的因素。特别是在沿海地区，当地人们信仰关公、龙王、伏波将军等，都是有海神信仰的性质。而关公信仰、龙王信仰和伏波将军信仰等，虽然在内地较为常见，但一般都与海洋没有什么关涉。这与海南岛所处的海洋地缘环境相关。这里的人们的生活环境、远渡出行、海上渔业以及生产等，都离不开海洋因素，涉海神灵信仰根深蒂固。如元代始建的海口天妃庙，历经修葺，清代康熙时又"筑观音山及诸神像。今渡海来往者，官必告庙行礼，四民必祭卜方行"[1]。即渡海来往的官民，不仅是官员要告庙行礼，四方百姓更是要前来焚香祭祀才开始行程。

（三）外来移民

海南岛作为镶嵌在中国南海上的一颗明珠，在地理位置上可以说是孤悬海外，但是历朝历代以来，与大陆均有交流沟通来往。而随着许多军民，或是戍边，或是贬谪，或是经商，或是逃难，从大陆陆续迁移至此，也不断推进海南岛开放和开发的进程。同时，外来移民也带来了他们的文化，其中包括信俗文化。如明清之际，海南岛的天后（妃）庙林立，其中有较大部分就是来自闽粤地区的移民所创建或者是参与建设。这些移民在海南建立天后宫，对于天后

---

[1] [清]吴南杰.（康熙）琼山县志（康熙二十六年本）[M]. 海口：海南出版社 2006：60.

（妈祖）信仰在海南的传播起到了重要的促进作用。

据光绪《定安县志》记载，位于定安县内中街的天后庙，乃是明代万历年间"广府南、顺、新三邑商民创建"❶，后在清朝时期又经多次重建或重修。又据道光《万州志》记载，其时万州治内有多座天后宫，其中"一在朝阳街，五邑客建，又一在朝阳街，潮邑客建"❷。即是说这两座天后宫分别为来自五邑（今广东江门）和潮邑（今广东潮州）移民所建。又据民国《儋县志》记载，县内两座天后宫在清初的时候分别是广府会馆和福潮会馆，即作为广东、福建等外地商人在该地的相互沟通、联络乡情的场所❸。如上所述，这些来自福建、广东等地的移民，来到海南后，或是创建天后宫，或是参与建设、修葺，总之对于天后信仰在海南的传播起到关键性的作用。

（四）黎、苗、回等少数民族

黎族是最早进入和开发海南岛的人群之一。《后汉书·南蛮传》卷七十六所载："其珠崖、儋耳二郡在海洲上，东西千里，南北五百里。其渠帅贵长耳，皆穿而缒之，垂肩三寸。"❹ 其中所记即当时黎族的祖先。现在的黎族人民多居住在山区，其信仰信俗似与海神信仰无关，但是黎族先民的龙蛇图腾崇拜，亦可以看作海南海神崇拜的先导。据北宋刘谊《平黎策》和清代陆次云《峒豁纤志》中所载

---

❶ ［清］吴应廉.（光绪）定安县志［M］.海口：海南出版社，2004：188.
❷ ［清］杨士锦，吴鸣清.（道光）万州志［M］.海口：海南出版社，2004：343.
❸ ［民国］王国宪.（民国）儋县志［M］.海口：海南出版社，2004：247.
❹ ［南朝·宋］范晔.后汉书［C］//二十五史中的海南.海口：海南出版社，2006：22.

"雷摄蛇卵"的故事,可知黎族在神话故事中,将蛇(龙)视为自己的祖先,并将之作为图腾予以崇拜。至如今,在东方市哈方言的黎族姓氏中有"龙的孩子",他们认为自己是龙的孩子;在美孚方言的黎族中有个"鱼龙村";黎族聚居地区还曾有"龙吟峒",他们认为自己与龙有着特殊关系而把它作为自己氏族集团的标记和称号,视龙为自己的保护神❶。

海南苗族的神灵观念属于原始宗教,宗教信仰主要包括了祖先崇拜和自然崇拜,后基督教传入苗族地区,呈现出原始宗教与基督教信仰并存的局面。苗族的祖先崇拜主要是对盘王(皇)、祖先鬼、社主大皇的崇拜;自然崇拜主要是对海龙皇、土地公、神农皇帝、山鬼、水鬼、树鬼等一类的崇拜。苗族所崇拜的海龙皇,又叫海龙公,即掌管海洋的神灵。

据《海南省志·民族志》,海南岛的回族居民主要有三个来源:"一是唐宋时期入华经商的波斯、阿拉伯穆斯林番客;二是宋元两代从越南占城入居的信仰伊斯兰教的占婆人;三是明代后由闽粤地区移居的回族人。"❷ 在宋元之际,一些占城人因避战乱,携家带口渡船至崖州、万州等地沿海海滨,在明代时期始入当地州县户籍。康熙《万州志》即载:"番,本古占城人,元初遭乱,泛舟泊州境海滨,寻迁居城西,曰'番村'。明初,隶于所。与军余同事,多蒲姓,番语。不食猪肉。宰牲,必见血方食。不供祖先。识番书者,为番长。设庙祀番神,朔望诵经,合掌罗拜。每月轮斋。当斋者,

---

❶ 海南省志·民族志 [M]. 海口:南海出版公司,2006:160.
❷ 海南省志·民族志 [M]. 海口:南海出版公司,2006:505.

涎不下咽，见星月乃食。男子素帛缠头，不饮酒。妇女髻垂后，短衣长裙。以烧灰染菁为生。女将嫁，亲邻往馈贺，以手摸其面，慰之。没，不棺，但以布裹骸，侧身而葬。"❶据其中描述，万州浦姓人，来自古占城，据其"不食猪肉""设庙祀番神"等生活及信俗与当地居民截然不同，当为穆斯林。这些移民来到海南岛，亦对该地的海神信仰和信俗产生重要影响。据载："昭应庙，在城东北莲塘港门，神名舶主。明洪武三年，同知乌肃以能御灾捍患，请敕封为新泽海港之神，祀用羊鸡鹅鸭，甚忌豚肉。往来船只必祀之，名曰'番神庙'。"❷这里人们祭祀新泽海港之神，"祀用羊鸡鹅鸭，甚忌豚肉"，是典型地受到伊斯兰信仰文化的影响；且"往来船只必祀之，名曰'番神庙'"，过往商船渔船的商人、渔民及船员都信奉，说明其神与外国人所信仰的神灵具有一定的共同性。

三、日常信仰活动之概述

在古代，诸如伏波将军作为先贤，是由官府等主持祭祀。而且实际上只有经过官方认可、封赐的庙宇神灵，才允许官民公开的崇拜。当然，乡间民户私立的信仰庙宇，没有进入官方的"祀典"，亦作为"土人私祀"允许民众自行崇拜信奉❸。妈祖、伏波将军等，

---

❶ [清]李琰.（康熙）万州志[M]. 海口：海南出版社，2004：141.
❷ [清]杨士锦，吴鸣清.（道光）万州志[M]. 海口：海南出版社，2004：343.
❸ 如《乐会县志》（康熙二十六年本）即记载："祀事，国之大典，所以报本反始，傧鬼神之大端也。……若祀典所不载者，亦有御灾捍患之义，故举而秩之，列于诸祀。"（乐会县志[M]. 海口：海南出版社，2006：132.）

都受到历代朝廷的封赐，地位较为崇高。诸如水尾圣娘、峻灵王、三江晶信夫人等地方性的神灵，据地方文献记载也受到封赐，虽然地位未必能像妈祖一样的显赫，但是在民间仍然有着许多信众。然而进入现代以来，特别是新中国成立之后，民间崇拜信仰的庙宇一度被予以铲除破坏，如今虽有不同程度地进行恢复重建，但是在官方层面，已经不可能再来主持祭祀典礼，海神信仰也就真正在基层和民间自主开展。而正因为如此，海南海神信仰也就真正成为民间自发行为。在信仰祭祀行为活动方面，一是定期举行诸如神灵诞辰、重要节日等祭祀活动；二是民众将崇拜信仰融入日常生活，信众同时也不定期地前往庙宇进行焚香祭拜。

（一）定期祭祀

在定期祭祀方面，民众所崇拜信仰的祝海洋神灵一般都有固定的祭祀日期，如农历三月二十三日是妈祖（天后娘娘）的诞辰日，十月十五日是水尾圣娘的诞辰日，十一月十九日是108兄弟公的生日，等等。每逢神灵的诞辰日，信众一般都会举行隆重的祭祀活动。当然，各地关于诸海洋神灵的诞辰、祭祀日期可能也会有所差别。

一般认为，妈祖诞于宋太祖建隆元年（960年）农历三月二十三日，于宋太宗雍熙四年（987年）九月初九升天。所以现在的信众都是以农历三月二十三为妈祖诞辰日，九月初九为妈祖升天日，在当日都会举行隆重的祭祀仪式。2013年5月2日（农历三月二十三日）是妈祖诞辰1053周年，海南省妈祖文化交流协会和海口市妈祖文化交流协会联合举办翡翠玉妈祖巡安海口周边市县祈福活动，巡安活动从海口白沙门天后宫开始，经中山路天后宫、西门外天后宫、长流琼华天妃宫、荣山寮天后宫、澄迈东水港天后庙等，沿途为民祈福吸引数万名信众参加❶。

农历二月初二是"龙抬头"的日子，海南各地渔民一般都会自发地在这一天祭海及祭祀南海龙王，祈求风调雨顺。"中国三亚龙抬头节"，从2005年开始举办，被认为是海南省内规模最大的祭海仪式。祭祀仪式包括神位安座、祭告南海、放生祈福等。2016年3月10日，在三亚大小洞天景区隆重举行了第十二届中国三亚龙抬头节暨南海祈福系列活动。《南海龙王暨南海祭祀典礼祭文》云："神衔帝命，乃居炎方。应于赤瑞，健顺之祥。潜龙渊盘，大则天翔。食清游清，凌越浩苍。训虚作雨，矫首云襄。福民庇土，泽万和光。宁番是赖，卓落侠荒。庙貌如在，精诚不忘。"祭文颂扬龙王造福人类、奋勇拼搏的精神，表达"龙的传人"团结一致、保家卫国、和谐发展的信心与决心❷。

在每年的六七月南海伏季休渔期结束，在8月初开始出海捕鱼时，也将举行隆重的祭祀以庆祝捕鱼季节的到来，祭拜龙王、海神娘娘、108兄弟公等，祈求出海平安和捕鱼丰收。在海南琼海市，2010年以来在八九月举行的"南海传统文化节"，其中就包括了隆重的"祭兄弟公出海仪式"，这其实就是各位船主、渔民向"108兄弟公"等神灵祈求，希望保佑渔船和渔民远洋航行和远海捕捞一帆风顺，平安发财。

---

❶ 李一鸣. 天后祀奉［J］. 新东方，2013（5）.
❷ 龙抬头三亚万人祈福祭拜南海［EB/OL］.（2016-03-11）. 三亚旅游官方网站.

（二）日常祀奉

祭祀活动除了在宫庙里举行，也可以将神灵恭请至家中进行崇拜祭祀，以便朝夕崇拜，这是信众将崇拜融入日常生活的重要方式之一。不仅像妈祖、水尾圣娘等在家庭祭拜塑像，而且在琼西一些地区还将峻灵公请至当地，如东方港门的"港门老爷"，其实就是峻灵公[1]。

在海神信仰的功用诉求上，也从以前主要的海上捕鱼和行船的祈求海上平安，延伸至生活、生产的各个角落，如祈求身体健康、家庭和睦、逢凶化吉等，甚至妇女婚后久未生儿育女，也会祈求神灵希望能够早生贵子。民间信仰群众这种"有求必应"的心理诉求，自然希望崇拜的海神也能够无所不能。因此，可以说当前的海神信仰，并不仅仅局限在从事海洋渔业的渔民等特定群体，普通群众对于诸位海神都有着虔诚的信仰，在海神所发挥的功能上，可以说也是"有求必应"。

---

[1] 詹贤武. 海南民间禁忌文化 [M]. 海口：海南出版社，2008：292.

第三章 海南海神结构体系与特点分析

在本书的第一章和第二章中,我们试图对海南海神信仰的历史与现状作一简要的梳理和分析,但是这种分析和考察很可能是叠床架屋的罗列,难以构成一个较为严密的有机体系。所以从现象来看,在历史上海南涉海神灵种类非常多,纷繁复杂,我们确实也对天后(妈祖)、伏波将军、108兄弟公、水尾圣娘等涉海神灵进行了简要叙述;但是这些碎片化的论述在许多时候可能会让人费解甚至是误解。从当前的许多资料来看,人们对于海南海神的理解,特别是其来源、谱系等,这些基本问题仍然存在一些分歧,海神的结构体系似乎处于混乱无序的状态。因此,我们亟须从整体观的角度,对海南海洋神灵进行进一步的归纳分析,初步建立起一个结构体系来,以便于我们能够提纲挈领地了解海南海神信仰的若干基本问题。基于初步的文献分析与实地调研,本章试将对海南海洋神灵的来源、性质、地位、社会分工、诸神合祀现象和海南海神信仰的特点等作一简要的分析研究。

一、海南海洋神灵的结构体系

海南海洋神灵结构，在本质上当与其他地区的海神神灵结构没有太大的差异。但是由于海南作为一个在地理区位上相对独特和封闭的岛屿，其文化的来源和构成与大陆地区相比，具有更多的复杂性与独特性。因而其海神信仰文化与海洋神灵结构体系，也具有较多的自身特点。

（一）来源与性质

曲金良《海洋文化概论》指出："海神是涉海民众想象出来掌管海事的神灵。数千年来，世界各地涉海民众所信仰崇拜的海神数量众多，角色纷杂。最早的海神信仰与动物图腾崇拜有着密不可分的关系，其形象大体上是沿着人兽同体—人神同形—人鬼化神的轨迹演进的。在这种演进过程中，并非后者完全取代前者，而是相互交叉递进，有着历史的传承关系。"[1] 按照这种区分的思路，海南先民的龙蛇信仰，可以视为最早的海神；在《山海经》所述的四方（海）之神，则是人兽同体的海神；海龙王、水尾圣娘、南海神等则是人神同形；妈祖、108兄弟公等属于人鬼化神，此外还有江将军、木头公、石三娘等其他涉海神灵。

海南海神信仰作为宗教信仰的一部分，其所涉及的神灵颇多，虽然在整体上遵循着上述"轨迹演进"，但是要对所有海神产生的来源与性质做出科学、准确的定义，或许将是一件棘手的事情。因此，

---

[1] 曲金良. 海洋文化概论 [M]. 青岛：中国海洋大学出版社，1999：143.

有宗教学者也认为："对于宗教的定义问题，也许不应该持一种过于独断的看法，因为人们对于事物的本质所见所得出发，都难以得出一劳永逸的绝对真理式的定见，多元的态度也许有助于我们更积极地包容不同的、却是各得其所的宗教定义。"❶ 我们在此并不试图引述或者是自己对民间宗教或者是海南海神信仰做出一种定义，仅仅是尝试从社会学与心理学两个层面进行可能性的理解。

从外部的自然和社会条件来看，海南岛地处南海，与大陆地区相对而言是孤悬海外，与外部联系相对受到阻隔，对外经济社会交流相对滞后。而其民众，特别是沿海地区的人民以海为田，耕海为生，常年出海捕鱼或是乘船渡海外出谋生。他们漂泊在大海之上，经常不得不面对飓风暴雨的恶劣自然条件和海盗出没的危险情况。因此，自然产生对于超越自然、超越人类力量的神灵的诉求。

谢承《后汉书》曾载："汝南陈茂，尝为交趾别驾，旧刺史行部不渡海。刺史周敞涉海遇风，船欲覆没。茂拔剑诃骂水神，风即止息。"❷ 这里所涉之海即指"南海"，在南海上行船遇到大风即将覆没，经诃骂水神，风随即停止。陈茂"拔剑诃骂水神"使得大风止息，这就显得很神奇。这也说明古人将一些自然现象的原因归之于"神灵"，通过人与神的沟通交流，则可以免予灾难。而在心理根源方面，在不可抗拒的自然力量超越人类自身力量的时候，人自然会寄希望同样存在更为强大的超越普通人和外在自然的超越力量，

---

❶ 孙尚扬. 宗教社会学 [M]. 北京：北京大学出版社，2001：64.
❷ [三国] 谢承. 后汉书 [C] //太平御览. 卷60.

这就是神灵。神灵可以是天神，可以是地祇，也可以是人类的先祖鬼神，总之，他们是超越于人类自身力量，却又通过人与神之沟通，神灵会帮助人类。

海南海神信仰的社会与心理根源大概如上所述，而其神灵的来源，总体而言是可以划分为外来神与本土神两类。如南海龙王、伏波将军、妈祖等，皆为岛外传入，其中其信仰或仍其旧，或有所改造。如伏波将军，在南海沿海地区及海南岛的伏波将军信仰，较之内地地区的信仰，就多了关于"马伏波射波"的传说，并将其视为海神，祈求其护佑海上平安。在本土神方面，最为显著的特征是本土的海神神灵，大都是普通人升天变化为神灵，并护佑本地民众，如木头公、108兄弟公等。

关于108兄弟公来源，海南民间有许多的传说。如在民国《文昌县志》即略记其事："咸丰元年（1851年）夏，清澜商船由安南顺化返琼，商民买椁附之。六月十日，泊广义孟早港，次晨解缆，值越巡舰员弁觊载丰厚，猝将一百零八人先行割耳，后捆沉渊以邀功利，焚艘献馘，越王将议奖，心忽荡，是夜王梦见华服多人喊冤稽首，始悉员弁渔货诬良。适有持赃入告，乃严鞫得情，敕奸贪官弁诛陵示众。从兹英灵烈气往来巨涛骇浪之中，或飓风黑夜扶桅操舵，或汹狄沧波，引绳觉路。舟人有求则应，履险如夷，时人比之灵胥，非溢谀也。"❶ 所以，在同治年间（1862—1874年），人们在文昌县北的铺前建昭应祠信奉祭祀。由此，108兄弟公信仰在海南岛传播开来，甚至随着海南人的足迹，远至南洋诸国，海南人所到之

---

❶ ［民国］李钟岳，等.（民国）文昌县志［M］.海口：海南出版社，2003：129.

处都有建祠庙信奉。

但是在海南渔民中关于"108兄弟公"之来源,还有其他的传说。如有曾前往南海南沙群岛捕鱼的渔民就口述说:"108个兄弟中有72个孤魂和36个兄弟。72个孤魂是我们渔民先辈在西沙、南沙下海作业过程中先后死去的,36个兄弟则是同在船上因风暴遇难的。"❶ 出海捕鱼谋生,本是极凶险的事情,历代以来在远洋出海捕鱼途中去世的渔民当不在少数。渔民为了纪念这些死去的兄弟,亦是为了祈求他们的保佑,故建立庙宇来祭祀"108兄弟公"。

综合来看,有下南洋经历的人侧重于相信"108兄弟公"是在异国他乡受冤而死的同胞化而为神灵;而远洋出海捕鱼的渔民则传说"108兄弟"是葬身大海的渔民兄弟。其身份来源虽有差异,但是都是不难理解:不管是远涉重洋下南洋谋生,还是前往千里之外茫茫大海中的"千里长沙""万里石塘"捕鱼,都是冒着极大的生命危险,自然希望能够与自己有着相同经历的神灵保佑。其传说虽有差异,但是毋庸置疑的是,"108兄弟公"泛称葬身大海普通人,他们或是商人,或是船员,或是渔民,或是普通乘客。人们以"108"之数来统称他们,是以较为正规严肃的民间方式来赐予神性与神位,寄希望于这些由普通人化身为神灵,成为海南人民的海上保护神。

李亦园先生曾指出:"中国传统的宗教信仰实是一种混合体,其间以佛道的教义为重要成分,但也包括了佛道以外如民间信仰中祖宗崇拜及其仪式的最古老成分,还有许多与佛道无关的农业祭祀

---

❶ 韩振华. 我国南海诸岛史料汇编[M]. 北京:东方出版社,1988:417.

等……它不像西方那样具有强烈的排他性,而是属于一种兼容并包的信仰状态。"❶ 海南海神信仰亦是如此,就其性质而言,乃是深受儒道思想影响的民间宗教信仰,但同时也和一些海神信仰与佛教、伊斯兰等宗教信仰有一定关联。

在历史上,海南海神信仰在受儒家思想影响方面,主要体现为:

第一,历代以来的宗教信仰活动,无不受到官方的控制和影响。比如所祭祀的神灵必须是进入官方的祀典,如朝廷加以封赐、褒奖,至少是地方政府或者是贤德进行大力颂扬。即使是"土人所祀",许多神灵也都受到赐封。如妈祖历代受到40余次赐封封号,其中有一项长达二十余字"护国辅圣庇民显佑广大济灵威助顺广惠徽烈明著天妃"的封号,其中心含义不脱离儒家的忠君、爱国、佑民等内容。

第二,由于行政管辖管理的需要,历代多有汉族军民迁入海南岛,他们同时也带来了汉民族的信仰与文化,而其文化自然受到儒家思想的深刻影响。汉族文化所浸润的儒家思想自然也慢慢渗入海南海神信仰文化。

在道家与道教影响方面,海南海神信仰在根本性质上,可以说是道教信仰的本土化、世俗化,海神信仰在形式与内容上都存在着大量的道教影响的痕迹,如飞天成仙、神仙变幻等,妈祖信仰就融入了千里眼、顺风耳等神仙道术信仰的因素。

(二) 地位与社会分工

在普通信众心目中,诸位海神既然贵为神灵,应该都是地位极

---

❶ 路遥,等. 中国民间信仰研究述评 [M]. 上海:上海人民出版社,2012:3.

高、备受崇拜与尊敬。但是正如长篇小说《西游记》所虚构的神仙世界有玉皇大帝、王母娘娘等最高地位的神仙，也有天蓬元帅、弼马温等不同阶位等级的神仙。现在来区分海神信仰诸神灵的地位，其主要还是历代以来封建统治者所赐封封号以及社会信众的情感认定。如"南海龙王—×将军——×公"，其地位依次降低；而妈祖历代受到封赐，其称号从"夫人"到"妃"，继而是"天妃""天后"，其地位不断上升。其中主要是历代朝廷的重视，并通过封号来引导社会信众的认同心理。因此，在海南海神信仰中，妈祖贵为"天妃""天后"，具有极高地位，在诸神共同合祀的庙宇，一般以龙王、妈祖（南海娘娘）为主位，而"108兄弟公"因为地方性的神灵，且"昭烈"称号也并非皇帝真正赐封，一般则会在侧位祭祀。如在东方市八所镇墩头社区有一将军庙，祭祀有诸神灵（"将军"不知具体所指），而以"敕封感应108兄弟神位"为侧神位。

海南海神信仰的诸神分工，其实体现的是社会民间信众对于神灵不同的功能诉求。既然是说海神信仰，其神灵主要分工与功能肯定是体现在护佑海上平安的功能，但是在世俗的民间信仰中，海神的功能也呈现出由单一化向多重化的逐步转变。如龙王作为掌管雨水和河海的神灵，在民间信仰中其功能历代以来都是如此，但是对于海南海神信仰而言，则侧重于其保佑海上平安而非祈求雨水。而妈祖信仰，在其产生之初主要集中于渔民祈福平安，但是随着妈祖信仰不断向外传播，也具有了军事、商业等方面的功能。如在定安县中街，明朝曾由广东的南海、顺德和新会三县商民捐资创建天后庙，清康熙三年（1664年）又由县人捐资合力在旧址重建。这里不是临海的地区，而是较为繁华的商业地带，多由商户和民众崇拜祭祀，由此也可以看出妈祖信仰的多重化转变。明清之际，海口地区的多处天后宫也是建立在商业繁华地带，商户和居民无不前往祭祀崇拜；同时，海南岛曾多次遭受海盗、倭寇等不断侵扰，军民一边坚持抵抗，一边崇拜祭祀妈祖（天后），以期望得到妈祖的护佑，获得抗击海盗、倭寇的胜利。甚至到今天，因为妈祖是女性神灵，婚后久未生育的妇女也会在妈祖诞辰等重要节日前去祭祀，以求早生贵子。

此外，木头公、水尾圣娘、三江晶信夫人、峻灵公等本地海洋神灵，也由当初的保佑海上平安，趋于多重化功能，百姓信众在日常生活中多会祭祀，以祈求平安、驱灾避祸等。

同时值得一提的是，海口地区曾经有江将军崇拜。据乾隆《琼州府志》载：在海口城外天后宫的右侧曾立有江将军祠，"江公名起龙，歙县人，正直刚勇，勤劳王事，为海安所副将，屡剿海寇，琼境赖安。康熙五年七月，提兵出洋，遇飓风覆舟。英灵不泯，往来海上，舟楫多赖护庇。二十六年，知府佟湘年请立祠祀之。雍正九年，布政使王士俊奏请封号为'英佑骁骑将军之神'"[1]。海口民众所祭祀信仰的江将军，生前既为武将，骁勇善战，多次击败海寇，因此船覆而"英灵不泯"，在海上保佑、庇护往来船只，深受民众崇拜。这既是对生前将军的纪念，也是对海上神灵的祭祀，祈求海上船只来往平安。

（三）诸神合祀现象与神灵家族

诸神合祀现象在民间信仰中并不鲜见，在海南海神信仰中，表

---

[1] [清]陈景埙.（乾隆）琼州府志[M].海口：海南出版社，2006：263-264.

现也尤为突出❶。在海南岛上，许多天妃庙（天后宫）都以妈祖为主神，同时祭祀其他神灵；在渔船中也有诸神合祀的现象。如澄迈县马村镇东水港的上港、下港分别有"天妃庙"和"两神庙"，均以天妃（妈祖）为主神，前者同时还祭祀"天妃二姐""天妃三姐"及"班帅公"，后者亦还祭祀"天妃二姐"，又有"昭应英烈一百有八公神位""民国初元雷琼各属阵亡盗杀溺海凶荒被难各位男女冤魂之神位"等神牌位；上文曾述及东方市八所镇墩头村"将军庙"，以将军为主神，同时还祭祀有"敕封感应108兄弟神位"。又如海口曾建有水仙庙，祭祀柳毅为水仙神，以为其掌管湖海，元代的时候曾又重修庙宇，但到后来将柳毅神袝祀于天妃庙内❷。

琼海的三江庙，主要祭祀的是三江晶信夫人。根据民间传说，南海龙王的爱妾万泉妃子偷偷带着隆滚、九曲两位太子来到博鳌港嬉戏。龙王发现后大怒，脱下身上的玉带掷向博鳌，玉带化作玉带滩，阻挡了妃子和两位太子回归王龙宫的路。他们无法回去，后来身体化作三条河，随身所带三颗龙珠也变为三座岛屿。当地百姓便以他们的名字给三条河命名，并在东屿岛修建三江庙以祭祀他们❸。而据地方史志记载，该庙于宋代天圣元年（1023年）由乡人始建，明代洪武三年（1370年），"知县王思恭为其能怯厉、兴云雨，请入

---

❶ 王荣国的《海洋神灵：中国海神信仰与社会经济》对渔舟、商舶的诸神合祀有着较为全面论述。比如他指出："渔民在渔船上设置神龛，其用意在于方便处于流动状态的海上渔业生产中的诸多祭祀活动。海洋渔业生产特别是远海渔业生产充满危险，渔民出海前往往要将香火请入渔船的神龛中供奉。"参见：王荣国. 海洋神灵：中国海神信仰与社会经济［J］. 南昌：江西高校出版社，2007：295-349.

❷ ［明］唐冑.（正德）琼台志［M］. 海口：海南出版社，2006：539.

❸ 詹贤武. 海南民间禁忌文化［M］. 海口：海南出版社，2008：290.

祀典"，赐"三江晶信夫人"，与雷神出感夫人、阚于塞海夫人，同为正江、副江、亚江三侯王之神，每年以三月二日、七月二日致祭❶。在这里，不管是龙王妃子与龙太子的传说，还是三位"夫人""侯王之神"，都是将三江晶信夫人作为主神来予以崇拜信仰，而同时祭祀诸神。

此外，值得一提的是，海南渔民的海神诸神信仰，不仅体现为在沿海地区以及海外中岛屿建立庙宇、树立神像予以崇拜，而在较为普遍的现象是将所信仰的海洋诸神或其神灵牌位延请至渔船之上，以便渔民在出海捕鱼期间祈祷崇拜，这即是我们通常所说的"船上信仰"。船上信仰在海南海神崇拜中占有较大的分量，一些地方几乎每一条船都有海神信仰的牌位，其牌位内容主要是诸海神，其主要内容是各个信仰神灵的名字以及船主家的姓氏，如一黄姓船主船上信仰诸神位包括了：船主敕赐鲁班师傅至桥大神、敕赐浮汉忠显灵应大侯王、南无大慈大悲救苦救难灵感观音菩萨、九天开化文昌思禄梓潼帝君、敕封三界伏魔忠义仁勇护国保民关圣帝君、港主会中一切圣众、宣封掌教都统御天显应法师、太祖玉昭天门北府座道灵公天英上帅、黄家香火有位福神一切圣众等❷。牌位上诸神名字之多，足以显示海神信仰的综合性与广泛性。

从诸神合祀，也就引出另外一个问题，就是神灵家族。如澄迈马村东水港的天妃庙，祀天妃以及天妃二姐、天妃三姐，琼海三江庙祭祀三位神灵，他们都可以说形成了神灵家族。究其原因，海神

---

❶ [明] 黄佐.（嘉靖）广东通志·琼州府 [M]. 海口：海南出版社，2006：363.
❷ 林贤东. 海南岛的海洋民俗文化 [J]. 浙江海洋学院学报：人文科学版，2005 (1).

信仰的诸多神灵,一般都是普通人因为各种机缘成为神仙,他们在世间都有自己的家庭,化而为神灵,信众亦将他们的家族成员列为神灵予以崇拜。

概观海南海神信仰中的诸神合祀现象,究其原因,一方面的主要因素是中华传统文化的兼容并蓄精神和海洋文化的包容性。海南岛在地理位置上是一个相对封闭的岛屿,但是在海洋文化上具有极强的包容性,善于吸收其他外来民族、外来文化。海南岛历代以来,移民不断,不同民族的移民也就带来自己的民族特色文化,而如今这些已经成为海南本土文化不可或缺的组成部分。这体现在海神信仰文化上,不仅海洋神灵种类繁多,而且在民众信仰祭祀上也互不排斥,将诸神合祀,以祈求平安。

另一方面也有社会信众的功利性原因。民众信仰神灵,一般都是有所祈求,如信仰海神是祈求海上神灵保佑出入平安。既然各种神灵都各有应验,许多人就选择将相关的神灵一同予以崇拜和祭祀。社会民众信奉诸神,其神互不排斥,都是护佑人间百姓。据记载,海口城外天后宫旁边的江将军祠(最初是祭祀江起龙将军),后配飨济南张公瑜,所以又叫作"江张二公祠",后"又有仓大使崔祥……俱附祀于庙"[1]。社会信众对于海神信仰的出发点,俱有其功利性的原因,只要是符合自己的功利性信仰需求,便将诸神一起祀奉。

此外,还有一个原因是,海南海神信仰所涉及诸神,一般都是由普通人化而为神,在成为神仙之前,他(她)们与众人没有太大

---

[1] [清]郑文彩.(咸丰)琼山县志[M].海口:海南出版社,2004:235-236.

的差异，因此与民众具有极强的亲近性。而不像其他宗教中有的神祇，其性格有暴戾、好战、排他性等因素。因此，民间信众在海神信仰活动中，可以将诸神共同祭祀而不会担心"诸神之战"。

二、海南海神信仰的特点分析

海南海神信仰因其独特的地理位置、居民社会构成、社会需求和历史的演变发展，素来具有独特的性质。

（一）地理分布：主要在沿海地带和江河交汇处

从地理分布位置来看，海南海神信仰主要是在海南岛沿海地带、海港津口以及江河交汇处。如在海口白沙门、文昌清澜港、澄迈马村港、琼海博鳌等地，都分布有妈祖、水尾圣娘、木头公、108兄弟公等海神信仰活动，特别是在沿海地带的广大农村地区，只要有渔民出海弄潮捕鱼的村落，就会有海神崇拜现象。海神信仰深深地融入海南岛沿海渔民的日常生活。

究其原因，其一，沿海地带主要居住的是海南本地渔民，他们常年出海捕鱼，立庙祭祀诸海神以祈求海上平安和捕鱼丰收。所以时至今日，在"二月二日"龙抬头及8月初结束南海渔禁开始下海捕鱼，沿海各市、县的渔民都会举行隆重的祭祀活动，主要祭祀南海龙王、天后娘娘、水尾圣娘、108兄弟公、木头公等海洋神灵，既"表达了衣食于海洋的人民对大海的感恩与崇敬心情"[1]，也是祈求在海上捕鱼时平安与丰收。

---

[1] 许春媚，宋瑞国. 海口假日海滩举办祭海大典［N］. 海南日报，2015－03－19.

其二，海神信仰的庙宇主要建立在渡海过江的海港津口，主要是因为来往商贾、官兵、普通民众等，在此祭祀祈求出行往来平安。海南岛地处南海，往来大陆地区、去往南洋，都离不开海上行船，为此祭祀诸海神祈求平安。如海口天妃庙乃是元代创建，历代均有修葺，"今渡海来往者，官必告庙行礼，四民必祭卜方行"❶。苏轼《伏波庙记》也记载："海上有伏波祠，元丰中诏封忠显王，凡济海者必卜焉……南北之济以伏波为指南，事神其敢不恭。"

虽然如此，但是在海南岛的内地山区及远离滨海地区，并非没有海神信仰。如在定安县城中街、昌化县城西小岭上等地都建有天后宫，是为外来商人或当地民众祭祀妈祖所建。这是因为在商业繁荣地区，人员流动频繁，一是外来商人带来妈祖信仰文化；二是当地民众在外来信仰文化影响下，出于自身需要，立庙祭祀。

（二）信众构成：以基层群众和渔民为主

海南海洋信仰作为"土人私祀"的民间信仰，其信仰主体自然是以基层群众特别是以渔民为主，然而商户特别是福建、广东等地迁移而来的移民，亦多信仰妈祖、伏波等，而在历代修葺妈祖庙、伏波庙等庙宇中，不乏官员捐助修建，或者是迁移重建。

在海南海神信仰之中，伏波祠庙较之其他"土人私祀"，更受官方重视，多次祭祀、迁建、修葺都是有官员主持或参与。如乾隆《琼州府志》载："汉二伏波祠，在教场演武亭西。明万历四十五年，副使戴熺创建，以祀路博德、马伏波援二公，有记。康熙五年，巡道马逢皋复创于郡治北关外。三十七年，商人陈国龙复修。雍正

---

❶ [清] 吴南杰. 琼山县志 [M]. 康熙二十六年本. 海口：海南出版社，2006：60.

八年,文武捐修。"❶ 这里的汉二伏波祠,从创建到重建,直至复修,都是由官员主持,在雍正八年(1730年),更是"文武捐修",文武官员都参与捐资修建。由此也可见伏波信仰在当地官民都有信仰崇拜。

另外,不容忽视的是妈祖信仰作为从外传入的海神信仰形式,虽然当初主要是来自福建、广东等地的移民信仰崇拜,但是由于历代政府的高度重视与推崇,多次加封赐封;而且由于海南岛独特的地理位置,海上交通较为发达,是为海上交通的重要枢纽,因此这也促进妈祖信仰在当地的广泛传播,妈祖信仰在海南岛沿海地区乃至中部山区都有较为广泛众多的信众。

(三)社会功能:具有增强民族凝聚力、和睦家庭与和谐社会的作用

历代以来,民间信仰在整合社会与维系秩序、调适个人心理与促进社会和谐等多个方面都发挥着积极的作用。海南海神信仰在发挥社会功能方面,也起到了积极的整合、维系与调适作用。另外,因为海南地处边疆,从两汉以来人民对两位伏波将军的祭祀和信仰,以及元代以来人民对妈祖的信仰,都将一海之隔的海南岛与内地在文化、风俗和民族心理上紧密相连。

像妈祖、伏波将军等长期以来在岭南地区具有极高的威望,成为民众心目中的神灵而予以崇拜祭祀。中央政府对此也予以明确的支持,多次赐封,试图以此巩固国家对于边疆地区、特别是少数民族地区的管辖与治理。如两位伏波将军,生前曾先后数次领军南下

---

❶ [清]陈景埍.(乾隆)琼州府志[M].海口:海南出版社,2006:260-261.

岭南地区，并且平定叛乱，为安定社稷立下了赫赫战功。同时，他们也成为当地民众心目中的神灵。朝廷的数次加封赐号，都极力抬高了这些神灵的地位，有助于当地社会民心民力的凝聚，众心所向，进而维护社会稳定。

同时，共同的海洋神灵崇拜和信仰，对于社会个体而言，也有一定的控制和约束作用。因为民众所信仰的神灵，都有规劝世人不作恶、多从善，神灵都会赏善罚恶，因此而淳化社会风俗。特别是在多民族地区以及移民社会，因为习俗、文化等不同，难免存在民族、群体之间的隔阂。而共同的海神信仰文化，有助于消除这种隔阂。正因为如此，闽粤移民将妈祖信仰文化传入琼岛之后，很快地就与海南本土文化相融合，在信奉妈祖崇拜的同时，也促进了海南本土海神信仰的发展。

最后，在心理调适方面，海神信仰也有积极的作用。海南岛作为较为对外交通比较封闭的岛屿，渔民商贾舟楫来往，不可避免地穿梭在海洋洋面。岛上民众不仅会面临自然灾害、海盗劫匪等危险，而且前往远海捕鱼，短则三五天，长则十数日，甚至是几个月，外出经商谋生则更有可能是经年累月，骨肉至亲之间的担忧、思念与期盼，有时使人难以负重。而共同的信仰与期盼，相信神灵的保佑和庇护，则可以尽可能地化解这种焦虑。因此，这表现在海神崇拜的仪式上，既有出行之前的祈祷与许愿，也有安全归来后的感谢神灵护佑"还愿"。

第四章 海南海神信仰与海洋贸易

海南岛位于中国南海的北缘，在地理位置上又与雷州半岛隔海相望，自古以来就是"海上丝绸之路"的重要关节点。海南岛沿海的一些重要港口，不仅是古代"海上丝绸之路"的避风港和中继站，而且通常也是海上贸易的始发港和目的港。因此，海洋贸易在海南经济贸易史上具有重要地位。海南海神信仰与海洋贸易的关系主要体现为：海南海神信仰对海洋贸易具有重要的影响，同时海洋贸易的繁荣也促进了海神信仰的传播和盛行。

本章对海南海神信仰与海洋贸易关系的考察，主要以古代"海上丝绸之路"的兴起为线索，考察以妈祖信仰为代表的海神信仰在海南岛的兴盛和海南妈祖信仰向海外的传播以及与古代"海上丝绸之路"的关联。

一、海南海洋贸易概况

由于特殊的地理位置，海南岛作为一个岛屿孤悬海外，海上交通是其对外交流交往的重要渠道，在古代甚至可以说是唯一对外交往的渠道。古代文献中多有对海南海上交通和经贸往来的记述。如正德

《琼台志》谓："自徐闻抵琼必渡海。有海安、踏磊、冠头、那黄、老鸦州、车仑等渡。然琼昔于四州陆路少通，多由海达。……今混一以来，虽东西具有驿铺，昼夜通行，然商贩安于便捷，未免由舟。"❶即说，不仅是海南岛与大陆交通依赖海渡，琼州海峡对岸的徐闻以及海南岛四周沿海都是多有港口，而且由于海南岛陆路交通不发达，乃至于在岛上南北各地之间交通，商贩出于便利需求，也是"未免由舟"，通过海上舟船交通。正是因为渡海舟船便利，所以海南的海洋贸易也是以其发展起来的。

同时，海南岛作为一个相对封闭的岛屿经济体，物质生产虽然能够保持基本的自给自足，但是随着经济社会的发展，对外进行经济贸易往来不可避免，这也促进海洋贸易的日益发展壮大。而随着海南岛开发的推进，海南人口增加，大米等生活物资对外的依赖增大，由此海上物流和贸易也进一步发展。故此，海洋贸易自古至今都是海南经济的重要组成部分。在宋元时期，海南与大陆沿海地区的海上交通贸易更为频繁，"贾物自泉、福、两浙、湖、广至者，皆金银物帛，直或至万余缗；自高、化至者，唯米包、瓦器、牛畜之类，直才百一，而概收以丈尺。故高、化商人不至，海南遂乏牛米"❷。从大陆地区通过海运贩卖至海南的，包括了金银物帛、米包瓦器、牛畜等，"高、化商人不至，海南遂乏牛米"，亦可见海南对大陆经济物产的依赖。

而宋代赵汝适所著《诸番志》则较为详细记述了当时海南物产

---

❶ [明] 唐胄.（正德）琼台志 [M]. 海口：海南出版社，2006：68.
❷ [元] 脱脱，等. 宋史 [M]. 北京：中华书局，1977：4544.

第四章│海南海神信仰与海洋贸易

以及贸易情况：海南"土产沉香、蓬莱香、鹧鸪斑香、笺香、生香、丁香、槟榔、椰子、吉贝、苎麻、楮皮、赤白藤、花缦、黎幕、青桂木、花梨木、海梅脂、琼枝菜、海漆、荜拨、高良姜、鱼鳔、黄蜡、石蟹之属，其货多出于黎峒。省民以盐、铁、鱼、米转博，与商贾贸易。泉舶以酒、米、面粉、纱绢、漆器、瓷器等为货，岁杪或正月发舟，五六月间回舶。若载鲜槟榔搀先，则四月至"。❶ 又载：海南土产，"其余物货多与诸番同，惟槟榔、吉贝独盛，泉商兴贩，大率仰此"。❷ 由此可以看出，其时海南岛所产出的土特产非常丰富，尽管种类大多与海外国家的物产差不多，但是相比较而言质量有优有劣，而其中以海南产的槟榔、吉贝质优而丰盛。从泉州来的商人，来琼经商贸易长达半年之久才回。当时对于海洋贸易的管理，亦有专门的部门对商船进行管理。海南"属邑五：琼山、澄迈、临高、文昌、乐会，皆有市舶，于舶舟之中分三等，上等为舶，中等为包头，下等名蜑舶，至则津务申州，差官打量仗尺，有经册以格税钱，本州官吏兵卒仰此以赡"。❸ 官府按照进行贸易船舶的尺寸大小征收税钱，进行管理。

　　明代初期开始，虽然实行海禁政策，但是往往禁而不绝，海上航运和贸易延续发展，民国时期的海洋贸易更是走向繁荣。陈光良《海南经济史研究》第十一章"海南交通运输与物流商贸的发展"中梳理了海南航运和物流商贸的发展历史，亦谈到海上航运和商贸

---

❶ ［宋］赵汝适. 诸番志校释［M］. 杨博文，校释. 北京：中华书局，2000：216-217.
❷ ［宋］赵汝适. 诸番志校释［M］. 杨博文，校释. 北京：中华书局，2000：221.
❸ ［宋］赵汝适. 诸番志校释［M］. 杨博文，校释. 北京：中华书局，2000：221.

发展与海洋信仰，特别是妈祖信仰传播发展的关系。作者以为："明清妈祖庙的兴建也见证海南航运的发展。本岛最早的天后庙是元代在琼山建立的。至明代，海南沿海州县修建了许多天后、天妃庙，并且屡加修葺、扩建。澄迈、文昌、临高、崖州等地的天妃庙都是明朝初期建造的。"❶ 海上交通与贸易的发展，在一定程度上推动了妈祖信仰等海神信仰在海南的传播。

总而言之，由于海南岛较为特殊的地理位置，与外沟通交往必须依赖海上交通；而且由于自身物产具有一定的特殊性，以及大米、食用油等生活物资较大依赖由外地运来补充，所以对外的海上交通、贸易不可避免，并且随着经济和社会的发展，有日益繁荣的趋势。故此，在海上交通频繁、海洋贸易发达的背景下，海神信仰也逐步发展，并且形成较为明显的自身特色。

二、海上航行诸神与海神祭祀

海南岛连通大陆地区与海外国家交往，在古代基本上都是通过海上通道。海上航行往往不得不面对波涛海浪威胁、极端恶劣天气、海寇侵袭等各种意外。在古代，人们在这些恶劣的自然环境和意外情况面前，缺乏足够的力量来抗衡自然界的力量与敌对力量，往往只能寄希望于神灵的帮助，因此在开启海上航行之前，以及在海上航行中，人们都会祭祀海上神灵。

海口与大陆地区的雷州半岛隔海相望，自古以来就是与大陆连

---

❶ 陈光良. 海南经济史研究 [M]. 广州：中山大学出版社，2004：285.

通的海上通道最近的港口之一，这里船帆舟楫相接，不仅有中国船只，而且外国商船也多有停驻于此。北宋时期，苏轼被贬海南岛，他在《伏波将军庙碑》中记载自己的渡海经历："自徐闻渡海，适朱崖，南望连山，若有若无，杳杳一发耳。舣舟将济，眩慄丧魄。海上有伏波祠，元丰中诏封忠显王，凡济海者必卜焉。曰：'某日可济乎？'必吉而后敢济。使人信之如度量衡石，必不吾欺者。呜呼，非盛德其孰能然！……四州之人，以徐闻为咽喉。南北之济者，以伏波为指南，事神其敢不恭！"❶ 南宋赵汝适《诸番志》亦载："海口有汉两伏波庙，路博德、马援祠也，过海者必祷于是，得杯珓之吉而敢济。"❷ 海南岛信奉两伏波将军，并立庙祭祀。在海口过海者，在出行前都会到伏波庙祭祀占卜，得到好的预兆才会渡海出行。关于"杯珓"，杨博文先生校释曰："各刊本'杯'字皆讹作'环'，字书无'环'，显系形似而伪，并只'杯珓'之名，更无'环珓'之称。杯珓或作柸珓、桮珓、盃珓，'珓'又作'筊'。杯珓（或杯筊）乃用竹、木头制成两片似贝壳小块，向神祈祷后高举，再掷以占卜凶吉之具，即苏杭人所谓'筶珓'。"❸ 概言之，在海南岛，人们渡海之前，都会到伏波庙祭祀祈祷，占卜吉凶，得到好的预兆才会出行渡海，如果是凶兆，则会择日再来占卜，选择出行时机。

不仅海南岛把两位伏波将军信奉为海上神灵，在琼州海峡对岸的徐闻也信奉伏波将军。屈大均《广东新语》即载："以海神渺茫

---

❶ ［宋］苏轼.苏轼文集［M］.长沙：岳麓书社，2000：1290.
❷ ［宋］赵汝适.诸番志校释［M］.杨博文，校释.北京：中华书局，2000：217.
❸ ［宋］赵汝适.诸番志校释［M］.杨博文，校释.北京：中华书局，2000：223.

不可知，凡渡海自番禺者，率祀祝融、天妃；自徐闻者，祀二伏波。"❶ 与广东番禺信奉祝融、天妃不一样，徐闻出海、渡海则多是信奉伏波将军。

宋代海南岛多信奉伏波将军为海上保护神灵，元代妈祖信仰传入海南岛以后，人们渡海航行亦多信奉妈祖。康熙《琼山县志》（康熙二十六年本）："天妃庙，在海口，元建。妃姓林，莆田人，都巡林公愿六女，出处见《灵著录》。庙历明洪武间累葺。商人谭海清等人建后寝三间，筑观音山及诸神像。今渡海来往者，官必告庙行礼，四民必祭卜方行。"❷ 海口天妃庙为元代所立，是海南岛最早的妈祖庙之一。元代妈祖信仰传入海南岛，因为甚有灵验，所以琼州海峡渡海往来，不论官民都信奉祭祀，甚至是普通群众"必祭卜方行"，这与祭祀信奉伏波将军相一致，在渡海出行前都会占卜吉凶方行。关于元明清时期海南岛妈祖信仰，下文将会详述，在此暂且从略。

海南人们所信仰的伏波将军、妈祖等海上神灵，都是由普通人而有善举，去世（升天）后成为神灵，护佑海上航行，或抵御风涛，或击退匪寇，因此他们受到民众的祭祀信奉。此外，在海南还有其他的海神，也是因为其英勇善战，或者是遗泽后人，而受到人们的立庙、立祠信奉祭祀。

乾隆《琼州府志》载："江将军祠，在海口城外天后庙右。江公名起龙，歙县人，正直刚勇，勤劳王事，为海安所副将，屡剿海

---

❶ [清] 屈大均. 广东新语 [M]. 北京：中华书局，1985：204.
❷ [清] 吴南杰. （康熙）琼山县志 [M]. 康熙二十六年本. 海口：海南出版社，2006：60.

寇，琼境赖安。康熙五年七月，提兵出洋，遇飓风覆舟。英灵不泯，往来海上，舟楫多赖护庇。二十六年，知府佟湘年请立祠祀之。雍正九年，布政使王士俊奏请封号为'英佑骁骑将军之神'。"❶ 人们相信江将军"英灵不泯"，而且"往来海上，舟楫多赖护庇"，因此"立祠祀之"，后又被封为"英佑骁骑将军之神"。江将军祠立于海口天后庙的旁边，也是为了方便渡海出行的官民百姓祭祀祈祷。

更具有海南特色的海神是108兄弟公，至今许多海南渔民、普通民众以及海外华人华侨仍然祭祀信奉108兄弟公。关于108兄弟公信仰的来源，有多种说法，主要有两类：其一是以为108兄弟公是海上捕鱼渔民葬身大海后化而为"108兄弟公"；其二是以为108兄弟公是外出经商的商人被害后化为神灵。据民国《文昌县志》记载："咸丰元年（1851年）夏，清澜商船由安南顺化返琼，商民买棹附之。六月十日，泊广义孟早港，次晨解缆，值越巡舰员弁觊载丰厚，猝将一百零八人先行割耳，后捆沉渊以邀功利，焚艘献馘，越王将议奖，心忽荡，是夜王梦见华服多人喊冤稽首，始悉员弁渔货诬良。适有持赃入告，乃严鞫得情，敕奸贪官弁诛陵示众。从兹英灵烈气往来巨涛骇浪之中，或飓风黑夜扶桅操舵，或汹洑沧波，引绳觉路。舟人有求则应，履险如夷，时人比之灵胥，非溢谀也。"❷ 由其记述可知，文昌所信奉108兄弟公，认为是前往东南亚经商的商人在乘商船归国途中停靠越南港口，被陷害后显现灵异，

---

❶ [清] 陈景埙.（乾隆）琼州府志 [M]. 海口：海南出版社，2006：263-264.
❷ [民国] 李钟岳, 等.（民国）文昌县志 [M]. 海口：海南出版社，2003：129.

不仅洗脱自己的冤屈，而且"从兹英灵烈气往来巨涛骇浪之中，或飓风黑夜扶柁操舵，或汹汹沧波，引绳觉路"，因此受到广大外出经商商船商人的信奉。

从海上航行以及海洋贸易角度来考察海南海神信仰文化，不仅海南人民所信奉的海洋神灵众多，而且海南海神信仰文化也有诸多比较明显的特点。

第一，从信仰海神的产生和来源看，与海上航行、海洋贸易相联系，伏波将军、妈祖、江将军、108兄弟公等海神，他们生前或者是有显赫的功绩，或者是因为海上缘由去世，都是由普通的人去世（升天）而成为神灵，护佑海上航行。如在中国大陆的一些地方也信奉伏波将军，但是与海洋却没有关联。伏波将军信仰传播至海南之后，由于海南特殊的地理位置，人们出行渡海必须克服险恶的自然条件和不测的突发情况，因此将其作为海上神灵来祭祀，祈祷伏波将军的护佑。

第二，从海神信仰文化的传播和流传来看，由于信仰主体是商人及海上航行的人，他们具有较大的流动性，因此也在很大程度上促进了海神信仰的传播与流传。如妈祖信仰传播至海南岛，然后传播至东南亚国家，其中中国东南沿海的福建、广东地区的商人可谓立下了较大的功劳，而海南人民前往东南亚各国经商、谋求生计，也就把海南海神信仰文化传播到了这些地区。

第三，从海神信仰祭祀的方式来看，人们一般都会在渡海出行之前，前往海神庙宇祭祀，祈祷海神护佑海上航行平安。同时，在海上航行期间，人们遇到紧急情况或者是遭遇到恶劣天气的威胁，也多会祭祀祈祷，希望海上神灵能够保佑平安。

三、海南海神信仰与"海上丝绸之路":以妈祖信仰为例

妈祖信仰在海南岛可以说是源远流长。据明正德《琼台志》载,在琼州府所属琼山县(今属海口市)、万州(今属万宁市)、崖州(今属三亚市)和感恩县(今属东方市)等地有四座天妃庙,是元代时候所建立❶。到明清时期,海南岛妈祖信仰达到高潮,在琼州府所属的13个州、县均建有妈祖庙,据统计共有50座之多❷,其中除了上述四座是元代所建外,其余46座均为明清时期所建;而这一数量亦是当时琼州海峡对岸的雷州所建妈祖庙数量的2倍❸。而自古海南岛沿海的一些港口,亦是古代"海上丝绸之路"上的重要港口和中转补给站,妈祖信仰在海南的流行以及向海外传播,与古代"海上丝绸之路"的繁荣、发展有着重要关联。

(一)海南与古代"海上丝绸之路"

古代"海上丝绸之路"肇始于秦汉时期,唐宋元趋于兴盛,到明代时期达到顶峰,明中后期,由于受到明朝廷"片板不许入海"禁令的影响,"海上丝绸之路"也受到影响。因此,"海上丝绸之

---

❶ [明]唐胄.(正德)琼台志[M].海口:海南出版社,2006:541-560.
❷ 据王元林,邓敏锐.明清时期海南岛的妈祖信仰[J]海南大学学报:人文社会科学版,2004(4),明清时期海南岛天后庙共有47座。而据笔者统计,元明清时期,海南岛所建天妃(后)庙至少有50座。
❸ 王元林,邓敏锐.明清时期海南岛的妈祖信仰[J].海南大学学报:人文社会科学版,2004(4).

路"自古即已兴起,自中国的诸多港口始发至日本、朝鲜、东南亚诸国乃至中亚、非洲沿海国家等,其中尤以泉州、广州、宁波等港口城市享有盛名。通过"海上丝绸之路",中国的茶叶、丝绸、瓷器等出口至海外各国,国外的香料、宝石等则进口到中国来。海南岛位于中国南海北部,是古代"海上丝绸之路"航线连接中国与东南亚、中亚等地区的重要中转站和补给点,在中国"海上丝绸之路"历史上占有重要地位。

1. 古代"海上丝绸之路"途经海南岛沿海的线路

古代"海上丝绸之路"往南必须经过南海,其停驻海南岛港口或途经海南沿海大致可以分为三条航行线路:一是秦汉时期,自合浦、徐闻等大陆港口城市出发后,取道北部湾,经海南岛西部海域至越南及其他东南亚国家;二是唐代以后,从广州、泉州等城市港口始发,途径海南岛东部沿海,并停驻东部港口,向南至东南亚地区;三是途径海南岛东部后,穿越广袤的南海,航行至东南亚诸国,更远至波斯湾沿海国家。此三条航线,就海南岛在其中方位而言,有学者将其称为古代海上丝绸之路的"西部航线""东部航线"和"南部航线"❶。

西部航线。秦始皇三十三年(前214年),秦始皇派军南下平定了南粤地区,随后设置了桂林、象、南海等郡对该地区进行管辖。当时,海南岛作为象郡的"外徼之地",纳入秦朝的版图。西汉元鼎六年(前111年),汉武帝派遣伏波将军路博德、楼船将军杨仆等率军前往南粤地区平叛,并最终统一了南越国。次年(前110年),汉

---

❶ 张朔人. 海上丝绸之路变迁与海南社会发展 [J]. 南海学刊, 2015 (1).

第四章 海南海神信仰与海洋贸易

朝中央政府设置南海、苍梧、珠崖、儋耳等九郡，珠崖、儋耳两郡即在海南岛上。正如《汉书·地理志》所载："自合浦、徐闻南入海，得大州，东西南北方千里，武帝元封元年略以为儋耳、珠崖郡。"❶ 即说，至少自西汉开始，自合浦、徐闻经琼州海峡至海南岛航线开始频繁活动：一方面是海外诸国开始经此向汉代朝廷进贡奇珍异宝；另一方面是汉代朝廷组织专门人员经北部湾海域前往东南亚地区。张朔人先生以为："以'日南障塞、徐闻、合浦'为起点港口，经过海南岛西部海域、集政府贸易与王朝朝贡路径为一体的水上路线，被称为'海上丝绸之路'之西部航线。"❷

东部航线。隋唐以后，随着中原经济中心南移，岭南连接中原的通道打开，以及北部湾海域海面情况复杂等原因，从广州等地出发，经海南岛东部继续南下往东南亚的远洋航线成为中国与海外国家海上交通的主要航线。欧阳修《新唐书》即载："广州东南海行，二百里至屯门山，乃帆风西行，二日至九州石。又南二日至象石。又西南行三日，至占不劳山，山在环王国东二百里海中。"❸ 据今学者考证，所谓"九州石"即七洲，乃是今天文昌市东部的七洲列岛；"象山"则应当是西沙群岛，而不是万宁的大洲岛（旧称独州岭）；"占不劳山"即今天越南中圻的占婆岛；"环王国"即占婆国，在今天的越南中部❹。清代顾祖禹在其《读史方舆纪要》中考证自广州

---

❶ ［汉］班固. 汉书·地理志［C］//二十五史中的海南. 海口：海南出版社，2006：8.
❷ 张朔人. 海上丝绸之路变迁与海南社会发展［J］. 南海学刊，2015（1）.
❸ ［宋］欧阳修. 新唐书［M］. 北京：中华书局，1975：1153.
❹ 韩振华. 我国南海诸岛史料汇编［M］. 北京：东方出版社，1988：30-31.

海南海神信仰文化研究

至外国的海上航线，有分别往东、西洋二路，其中去往西洋的航线路途遥远，在宋朝时曾"置巡海水师营垒"，其线路为："东莞县南头城东南，海路二百里至屯门山，水皆浅，日可行五十里，乃顺帆风，西行一日至九州石，又南行二日至象石，若用东风西南行，七日至九乳螺洲，又西南行三日至占不劳山，西去占城二百里，又南二日至陵山……即占城地也。"❶ 这一线路与欧阳修《新唐书》所述航线大略相同，只是增列"若用东风西南行，七日至九乳螺洲"线路，"九乳螺洲"即"象石"，即今西沙群岛。

经海南岛东部、穿越南海去往东南亚地区，除海口港自古即是重要港口，万州港门港（又称莲塘港）也是重要的停靠和补给港口。据道光《万州志》载，明清时万州"城东北莲塘港门"建有"昭应庙"，"明洪武三年，同知乌肃以能御灾捍患，请敕封为'新泽海港之神'，祀用羊鸡鹅鸭，甚忌豚肉。往来船只必祀之，名曰'番神庙'。"❷ 这里的人们"祀用羊鸡鹅鸭，甚忌豚肉"，可见其信俗受到伊斯兰信仰文化的影响；且所谓"往来船只必祀之"即包括了去往外国和来自外国的船只，因此其神又称"番神"，而过往船只频繁停靠于此，或避风或补给，亦可见一斑。

南部航线。古代"海上丝绸之路"经过海南岛东部，继续往南穿越中国南海去往东南亚，可称作"南部航线"。古代"海上丝绸之路"从沿海港口始发，经东部航线，随后可沿南部航线继续南行至东南亚诸国。唐代鉴真和尚六次东渡，前五次均失败，第六次才

---

❶ 韩振华. 我国南海诸岛史料汇编 [C] // [清] 顾祖禹. 读史方舆纪要. 北京：东方出版社，1988：31-32.

❷ [清] 杨士锦，吴鸣清.（道光）万州志. 海口：海南出版社，2004：343.

安全抵达日本，得以在异国弘扬佛法。唐天宝七年（748年），鉴真第五次东渡，在海上遇风漂泊至海南岛振州（今三亚市），在振州停驻一年有余，后经万安州（今万宁市）行至崖州（今海口市）。据日本真人开元所撰《唐大和上东征传》载，在途中万安州"大首领冯若芳请住其家，三日供养"，而冯若芳之所以富甲一方，是因为"若芳每年常劫取波斯舶二三艘，取物为己获，掠人为奴婢"❶。由此亦可见出，在唐朝时期"海上丝绸之路"已经很是繁荣，海南岛南部海域航线上活跃着波斯等外国商船的身影。特别是明代郑和七次下西洋，不仅巡航南海，途径东南亚诸国，甚至穿越印度洋，抵达红海及非洲东部海岸，促进了这一时期"海上丝绸之路"航线的繁荣鼎盛。而明清以来，海南文昌、潭门等地渔民所使用和保存的《更路薄》，亦多有前往新加坡、马来西亚等东南亚国家的"更路"，他们将在西沙、南沙群岛海域捕获的海产品运送至当地出售，获得大量现金或置换国外物产带回来。这也可以说是古代"海上丝绸之路"曾经繁荣的一个侧影。

2. 海南岛与古代"海上丝绸之路"的互动影响

古代"海上丝绸之路"的兴起和繁荣，促进了海南岛的开发进程和经济社会的繁荣；同时，海南岛在"海上丝绸之路"的发展过程中也发挥了重要的中继港作用。

古代"海上丝绸之路"的兴起促进了海南的开发与发展。古代"海上丝绸之路"，不管是中国船队经过西部航线，前往越南等东南

---

❶ [日]真人开元. 唐大和上东征传[M]. 汪向荣，校注. 北京：中华书局，1979：68.

亚国家，抑或海外各国船只也经此航线向中国汉代以来朝廷进献物品；还是将航线转移至海南岛的东部，并经此去往东南亚诸国，海上交通贸易进一步繁荣，都在很大程度上促进了海南岛的开发和社会经济的繁荣。一方面，古代"海上丝绸之路"的兴起，密切了海南岛与祖国大陆的海上交通联系，促进历朝来自闽、粤等地移民、商人进入海南岛。海南岛是一个典型的移民之地，历代以来均有较大数量的移民进入海南岛，促进本岛的开发和发展。其中大量移民就是沿着"海上丝绸之路"进入海南岛的。如宋元时期海南与东南沿海地区贸易频繁，"贾物自泉、福、两浙、湖广至者，皆金银物帛，直或至万余缗"❶，其中部分商人当留居、落籍海南岛；另一方面，"海上丝绸之路"经过海南岛东部和西部沿海，促进了沿海港口城市的繁荣与发展。海南岛北部的海口、文昌，南部的万宁（原万州），西部的东方（原感恩县）等，在历史上其港口熙熙攘攘的商船船队，都曾见证了"海上丝绸之路"的繁荣。

海南岛对于"海上丝绸之路"亦有重要的中继港作用。海南岛犹如一颗明珠镶嵌在中国南海，环岛沿海的港口是"海上丝绸之路"的重要补给和中继港。如海南岛北部的海口港，宋时称白沙津或白沙口，后又称神应港，宋代王象之《舆地纪胜》谓："琼州白沙津，蕃船所聚之地。"❷ 此时外国商船即聚集于此，或是驻足避风，或是中继补给。宋元以来，不仅是海南渔民由此港口登船将已经制成干货的海产品运往大陆出售，而"从波斯等地开来的大商船，也经常

---

❶ [元] 脱脱, 等. 宋史 [M]. 北京：中华书局, 1977: 4544.
❷ [宋] 王象之. 舆地纪胜 [M]. 影印本. 北京：中华书局, 1992: 3570.

进港躲避台风或补充淡水和食物"❶。在海南岛东南部的万州，其东部海域是"海上丝绸之路"的必经之地，但在其"州南五十里许"有独洲洋，"涛虽平，下有怪石错立。昔外番海寇之舟，时遇风飘，多覆于此"❷。因此，万州成为避风补给的重要节点，古时万州港门港船帆林立，过往船只多在此避风和补给，甚至立"番神"庙，往来船只无不祭祀祈祷。

(二) 古代"海上丝绸之路"与妈祖信仰在海南的流行

妈祖信仰开始在全国范围内、特别是沿海地区盛行，与元代海运兴起不无关联。由于社会经济的发展需要，元代改漕运为海运，大量物资从江南地区通过海运运送至元京城大都，即谓"元以海运足国，加封天妃"❸。为了褒奖妈祖"护海运有奇应"，元朝廷多次褒封妈祖为"护国庇民明著天妃"（成宗大德三年，1299 年）、"护国庇民广济福惠明著天妃"（文宗天历二年，1329 年）、"辅国护圣庇民广济福惠明著天妃"（惠宗至正十四年，1354 年）❹ 等。明清时期，虽然实行"海禁"政策，但是郑和七次下西洋以及广州成为这一时期重要对外贸易港口城市等，海运及海上贸易继续发展，在此背景下明朝廷对妈祖也多有褒封。而海南的妈祖信仰，最早可以追溯至元朝，即在元朝时海南岛即已经建有天妃庙。妈祖信仰在海南，据海南地方文献记载，明代一般称为"天妃"，而清代多改称为"天后"，这与官方对妈祖的褒封相关；与此相应，妈祖庙多称为

---

❶ 彭桐. 飓风成港白沙津 [N]. 海口晚报, 2013 - 04 - 03.
❷ [清] 李琰. (康熙) 万州志 [M]. 海口：海南出版社, 2004：40.
❸ [清] 郑文彩. (咸丰) 琼山县志 [M]. 海口：海南出版社, 2004：231.
❹ 罗春荣. 妈祖文化研究 [M]. 天津：天津古籍出版社, 2006：56 - 57.

"天妃宫（庙）"或"天后宫（庙）"，因海南岛较之大陆地区是悬隔海外，故此"天妃""天后"称呼沿用至今。历代以来，古代"海上丝绸之路"的兴起和发展，对于妈祖信仰在海南的传播起着巨大的促进作用。

1. 元明清时期海南妈祖宫庙分布基本情况

据地方史志和相关文献记载，元明清以来，海南分布有大量的妈祖宫庙，由此可知当时的妈祖信仰之盛行。现试就相关文献的记载，以当时海南岛（琼州府所辖）的 13 个州、县为线索，对其所建的妈祖宫庙做一简述。

琼山县有三座妈祖庙。琼山县是明清时期琼州府州治所在地，今属海口市。其时所建妈祖庙有三座，分别是：其一"在海口，元建"❶，这是明正德《琼台志》所载元代海南岛所建最早的四座天妃庙之一。其二"在白沙门"。张岳崧所纂道光《琼州府志》谓："天后庙，一在白沙门，一在海口所。元建，明洪武间屡葺。"❷ 据其意，白沙门和海口所两座天后庙，均当在元代时候所建。其三"在郡城内总兵署前，嘉庆四年建"❸。道光《琼州府志》载："天后庙，初在城西通潮阁右，明洪武间知县邓春建，天顺间同知徐鉴徙于通潮门外。国朝康熙四十七年，知县高魁标重建。乾隆四十六年，知县詹昊修。嘉庆九年，知县李全藻重修。"❹

澄迈县有两座妈祖庙。其一"初在城西下僚地，洪武丙寅知县

---

❶ [明] 唐胄.（正德）琼台志 [M]. 海口：海南出版社，2006：540.
❷ [清] 张岳崧.（道光）琼州府志 [M]. 海口：海南出版社，2006：377.
❸ [清] 张岳崧.（道光）琼州府志 [M]. 海口：海南出版社，2006：377.
❹ [清] 张岳崧.（道光）琼州府志 [M]. 海口：海南出版社，2006：387.

邓春创建。永乐癸巳，知县孙秉彝重修。天顺甲申，同知徐鉴始迁于今海港"。❶ 这里认为天妃庙"初城西下僚地"，乾隆《琼州府志》则作"初在通潮阁右"❷，道光《琼州府志》亦认为是"初在城西通潮阁右"❸。其二"在那托都道僚铺"❹。

临高县有两座妈祖庙。其一"在县治东"❺，亦有文载："在城东郊外，明成化间建。嘉靖二十八年，县丞周鸾迁于临江桥东。国朝顺治十八年，知县蔡嘉正重建。康熙九年，训导陆高古修复。三十一年知县史流芳、四十四年知县樊庶修。"❻ 简述其迁建、重修过程。其二所处地址不详，"光绪十四年，聂邑侯缉庆捐廉，谕令士民重修，越数月落成，酌定章程，春秋致祭"❼。

定安县有一座妈祖庙。"天后庙，在中街，东向。明万历间，广府南、顺、新三邑商民创建。"❽ "康熙三年，邑人梁、邓、刘诸姓拓基重建。"❾

文昌县有十座妈祖庙。文昌县今属文昌市，10座妈祖庙分别为：其一"在县南新安桥南，洪武庚戌（1370年），知县周观创"。❿ 这当是文昌县最早的一座天妃庙。新安桥后改称"便民桥"，故曰：

---

❶ ［明］唐胄．（正德）琼台志［M］．海口：海南出版社，2006：542.
❷ ［清］陈景埙．（乾隆）琼州府志［M］．海口：海南出版社，2006：266.
❸ ［清］张岳崧．（道光）琼州府志［M］．海口：海南出版社，2006：387.
❹ ［清］陈所能，等．（光绪）澄迈县志［M］．海口：海南出版社，2004：114.
❺ ［明］唐胄．（正德）琼台志［M］．海口：海南出版社，2006：547.
❻ ［清］张岳崧．（道光）琼州府志［M］．海口：海南出版社，2006：397.
❼ ［清］桂文炽，汪瑔．（光绪）临高县志［M］．海口：海南出版社，2004：119.
❽ ［清］吴应廉．（光绪）定安县志［M］．海口：海南出版社，2004：188.
❾ ［清］张岳崧．（道光）琼州府志［M］．海口：海南出版社，2006：388.
❿ ［明］唐胄．（正德）琼台志［M］．海口：海南出版社，2006：549.

"天妃庙，旧在便民桥南紫贝山麓。"❶ 其二"成化甲午（1474年），知县宋经移建（新安）桥北"❷。其三"新天妃宫，在下市"❸ 明周观所创建天妃庙，虽有移建、重修，经久即废，故在下市新建天妃宫。其四清澜天妃庙，"在所城外陈家市海边"❹。其五"在邑南四十里陈一图龙朝村前，道光八年，耆老陈万卷、陈国玺邀建"❺。其六"双龙庙，在邑北百里溪梅市。咸丰元年重修，内祀天妃诸神"❻，即双龙庙内祀奉天妃等诸位神灵。其七"在邑南白延市"❼。其八"在铺前市北，咸丰丙辰，职同知林玉辉、监生李基植等邀建"❽。其九"在迈号市南西边街，道光九年，陈绪、陈修业等合众建。咸丰七年，陈国屏合众重修"❾。其十"在东区清澜马头埠。清宣统三年，朱希颜邀建"❿。

会同县有六座妈祖庙。会同县今属琼海市。其一"天妃庙，旧在县治东。康熙二十四年，邑侯胥锡祚捐资迁建于县治之东"⓫。又，在加积市有天妃庙三座：分别为南顺天妃庙、东新天妃庙、福建天妃庙；在镇安市和黄藤市各有一座天妃庙⓬。

---

❶ [清] 马日炳.（康熙）文昌县志 [M]. 海口：海南出版社，2003：46.
❷ [明] 唐胄.（正德）琼台志 [M]. 海口：海南出版社，2006：549.
❸ [清] 马日炳.（康熙）文昌县志 [M]. 海口：海南出版社，2003：46.
❹ [清] 马日炳.（康熙）文昌县志 [M]. 海口：海南出版社，2003：47.
❺ [民国] 李钟岳，等.（民国）文昌县志 [M]. 海口：海南出版社，2003：128.
❻ [民国] 李钟岳，等.（民国）文昌县志 [M]. 海口：海南出版社，2003：128.
❼ [民国] 李钟岳，等.（民国）文昌县志 [M]. 海口：海南出版社，2003：128.
❽ [民国] 李钟岳，等.（民国）文昌县志 [M]. 海口：海南出版社，2003：129.
❾ [民国] 李钟岳，等.（民国）文昌县志 [M]. 海口：海南出版社，2003：130.
❿ [民国] 李钟岳，等.（民国）文昌县志 [M]. 海口：海南出版社，2003：131.
⓫ [清] 于煌，等.（乾隆）会同县志 [M]. 海口：海南出版社，2006：39.
⓬ [清] 于煌，等.（乾隆）会同县志 [M]. 海口：海南出版社，2006：39.

乐会县有三座妈祖庙。乐会县今属琼海市,其一"天妃庙,在县北。洪武二年,知县王思恭建。正德丙子,知县严祚重修"。❶ 其二为明代"万历年间,移立于朝阳市之东"❷。张岳崧谓:"天妃庙,在城东门东外,明万历间建。今改向南。"❸ 其三"天后庙,在城南门。道光十五年,知县吕华宾重修"❹。

儋州有五座妈祖庙。其一,"旧在城西五里军船厂。后废。丙寅岁,知州马尚德迁于西楼。又废。万历丁酉,吏目周行率商人创建于朝天宫。"❺ 在周行创建朝天宫天后庙之前,在"城西五里军船厂"、西楼等地已经有天后庙先后迁建。其二,"天后庙,在城东朝天宫。"❻ 张岳崧以为:该庙是"明万历丁酉,吏目周行率商人创建"❼。其三,"天后宫,在销皮街。清初为福潮会馆。"❽ 该座天后宫原为福潮会馆,即天后宫与会馆二位一体。其四,"王五天后宫","民国"时"改为镇公所,内设中山纪念堂"❾。其五,"在海头老市。重建于"民国"四年"❿。既言重建,民国之前当以有庙存焉。

昌化县有两座妈祖庙。昌化县今属昌江县。其一明代所建,"附

---

❶ [明] 唐胄.（正德）琼台志 [M]. 海口：海南出版社,2006：550.
❷ [清] 陈宗琛,等.（康熙）乐会县志 [M]. 康熙八年本. 海口：海南出版社,2006：49.
❸ [清] 张岳崧.（道光）琼州府志 [M]. 海口：海南出版社,2006：395.
❹ [清] 程秉慥,等.（宣统）乐会县志 [M]. 海口：海南出版社,2006：349.
❺ [清] 韩佑.（康熙）儋州志 [M]. 海口：海南出版社,2004：121.
❻ [清] 陈景埙.（乾隆）琼州府志 [M]. 海口：海南出版社,2006：273.
❼ [清] 张岳崧.（道光）琼州府志 [M]. 海口：海南出版社,2006：398.
❽ [民国] 王国宪.（民国）儋县志 [M]. 海口：海南出版社,2004：248.
❾ [民国] 王国宪.（民国）儋县志 [M]. 海口：海南出版社,2004：253.
❿ [民国] 王国宪.（民国）儋县志 [M]. 海口：海南出版社,2004：254.

所治西。永乐癸巳，千户王信建"❶。其二"在城西小上，知县璩之璨等捐修"❷。

万州有六座妈祖庙。万州今属万宁市，其一"在城东，元建。国朝永乐丙申，千户祝隽重建"❸。该庙为元代所初建，明朝时又加以重建。此外，据道光《琼州府志》载万州天后庙有四座："一在城东迎恩街，万历中廪生曾绍科募建，知州范廷言捐修。一在东澳市。一在草子坡。一在朝阳街。"❹道光《万州志》则载在朝阳街有两座天后庙，一为五邑客建，二为潮邑客建❺。另，道光《广东通志·琼州府》载："天后宫，在城中迎恩街。"❻ 这里"城中迎恩街"疑为"城东迎恩街"之误，这一座天后宫应该是道光《琼州府志》、道光《万州志》所载的"城东迎恩街"天后庙。

陵水县有五座妈祖庙。其一"在城南。康熙中，知县李聘率商人林久洲重建"❼。该天后庙见载正德《琼台志》，可知明代已经建立。其二"在城北"，或作"在北门外，明万历三十五年知县沈应礼捐建，国朝康熙三十六年知县李聘率邑人重建"❽。其三"在上灶村"❾。此外，据乾隆《陵水县志》载，陵水县天后宫除了以前所建的"一在城南，一在城北"两座天后宫，在当时的"北门外"共有

---

❶ [明] 唐胄.（正德）琼台志 [M]. 海口：海南出版社，2006：555.
❷ [清] 张岳崧.（道光）琼州府志 [M]. 海口：海南出版社，2006：400.
❸ [明] 唐胄.（正德）琼台志 [M]. 海口：海南出版社，2006：556.
❹ [清] 张岳崧.（道光）琼州府志 [M]. 海口：海南出版社，2006：401-402.
❺ [清] 杨士锦，吴鸣清.（道光）万州志 [M]. 海口：海南出版社，2004：343.
❻ [清] 陈昌齐.（道光）广东通志·琼州府 [M]. 海口：海南出版社，2006：470.
❼ [清] 陈昌齐.（道光）广东通志·琼州府 [M]. 海口：海南出版社，2006：471.
❽ [清] 张岳崧.（道光）琼州府志 [M]. 海口：海南出版社，2006：403.
❾ [清] 张岳崧.（道光）琼州府志 [M]. 海口：海南出版社，2006：403.

三座天后宫。可知，在北门外除了康熙三十六年李聘所重建的天后宫，另外还有两座天后宫。所以，明清时期，陵水县所建天后宫当有五座：一在城南，二在上灶村，在北门外有三座。

崖州有两座妈祖庙。崖州今属三亚市，其一"天妃庙，在州西南海边，元立。国朝永乐癸巳，千户史显重募建"❶。其二"在州治南海边"❷。

感恩县有三座妈祖庙。感恩县今属东方市，其一"在县西，元乡人韩德募建"❸。这是海南元代所建四座天妃庙之一。其二"在县北"❹。其三"在城西北一里许"，光绪十八年，邑令蔡光岱"率邑人重建"❺。

综上所述，元明清时期，海南岛的妈祖庙有50座之多，分布范围遍布海南岛的13个州、县，即每个州、县都建设有妈祖庙，由此可见妈祖信仰之盛。

2. 传播契机：海上"丝绸之路"的兴起，特别是明代郑和下西洋促进了妈祖信仰的传播

古代海上丝绸之路之繁盛发展，历代延绵不断。特别是明代郑和带领船队七次下西洋，堪称中国航海史和对外交流史上的壮举。郑和船队远航，以其亲身经历妈祖（天妃）神助船队御敌剿寇和应对海上恶劣天气，故郑和多次向朝廷启奏创建天妃庙并祭祀天妃。

---

❶ ［明］唐胄.（正德）琼台志［M］.海口：海南出版社，2006：559.
❷ ［清］陈景埙.（乾隆）琼州府志［M］.海口：海南出版社，2006：277.
❸ ［明］唐胄.（正德）琼台志［M］.海口：海南出版社，2006：560.
❹ ［清］陈景埙.（乾隆）琼州府志［M］.海口：海南出版社，2006：278.
❺ ［民国］卢宗棠，唐之莹.（民国）感恩县志［M］.海口：海南出版社，2004：119.

据《御制弘仁普济天妃宫之碑》《通番事迹之记碑》《天妃之神灵应记碑》等碑刻文献记载，郑和不仅向明成祖朱棣启奏新建天妃宫，他主持或参与兴建了南京龙江天妃宫、刘家港天妃宫、长乐南山天妃宫等❶；而且在航海开始之前及航行途中，多有祭祀妈祖，祈求天妃神助。明永乐五年（1407年），正是因为"时太监郑和使古里、满剌加诸番国，还，言神多感应，故有是命"，由此新建成南京龙江天妃宫；明永乐七年（1409年），"封天妃为护国庇民妙灵昭应弘仁普济天妃，赐庙额'弘仁普济天妃之宫'"❷，这也正值郑和下西洋期间，当与郑和的奏请密切相关。总而言之，郑和的航海活动极大地促进了天妃信仰在东部沿海和海南岛的传播。

郑和船队西下南洋，远至西亚及非洲东部沿海，必然经过海南岛沿海，更有可能驻足停靠海南岛港口，故其妈祖信奉潮流也影响及海南岛，促进明清时期妈祖信仰传播发展。如元代所创建的海口天妃庙，历代均有修葺，信众甚广。清代张岳崧谓："迄今官民渡海来往，必告庙虔祀之，灵异甚著。"❸ 即说来往渡海者，不论官民，都前往天妃庙虔诚祭祀，而且其神非常灵验，护佑往来船只。而在往来船只频繁的万州，除了建有"番神"庙，明清时期亦建有五座天后庙："一在城东迎恩街……一在朝阳街，五邑客建，又一在朝阳街，潮邑客建，一在东澳市，一在草子坡墟。"❹ 其中有两座天后庙明确注明是来自外地的商人所建。

---

❶ 罗春荣. 妈祖文化研究［M］. 天津：天津古籍出版社，2006：98.
❷ 罗春荣. 妈祖文化研究［M］. 天津：天津古籍出版社，2006：80-81.
❸ ［清］张岳崧.（道光）琼州府志［M］. 海口：海南出版社，2006：377.
❹ ［清］杨士锦，吴鸣清.（道光）万州志［M］. 海口：海南出版社，2004：343.

第四章 | 海南海神信仰与海洋贸易

3. 传播者：来自闽粤地区移民积极倡建妈祖庙

随着"海上丝绸之路"的发展兴盛，进一步密切了海南与大陆地区特别是沿海地区的海上交通，彼此之间商贸往来频繁，更有许多来琼商人因此落籍海南。因此，古代"海上丝绸之路"的影响所及，外来商人和移民助推了妈祖信仰传入海南岛并广泛传播开来，使得妈祖信仰在明清时期即已达到鼎盛。从对地方文献和部分碑刻考察可以看到，海南各地妈祖庙虽多为当地官员倡建，乡人、商户多有参与，但也有来自闽粤等地的移民、商人积极创建和参与重修妈祖庙。

海口天妃庙，为元代时所建，明清时不断修葺，彼时来自闽粤的商人即已参与修建其庙。据白沙门天后宫内所存《白沙门天后宫（妈祖庙）简介》石碑刻文载：白沙门现今所存的三座天后宫遗址，其中有两座即是外地商人所建，且都具有一定规模："一座框架尚存，但已破烂不堪，仍（乃）潮洲（州）商人所建……气势雄伟，为海口地区古建筑所罕见，似人大小的古天后圣母（妈祖）塑像还由百姓保存着。另一座为福建商人所建……其规模为三座之冠。"来自闽粤等地的移民、商人积极修建天后庙，在主观上是保存维护自己的信仰信俗，增进同乡沟通和密切情谊；在客观上促进了妈祖信仰文化在海南岛的传播。

而据光绪《定安县志》记载，位于定安县内中街的天后庙，乃是明代万历年间"广府南、顺、新三邑商民创建"[1]，后在清朝时期又经多次重建或重修。又据道光《万州志》记载，其时万州治内有

---

[1] [清]吴应廉.（光绪）定安县志[M]. 海口：海南出版社，2004：188.

多座天后庙，其中"一在朝阳街，五邑客建，又一在朝阳街，潮邑客建"，即说朝阳街的这两座天后庙分别为来自五邑（今广东江门）和潮邑（今广东潮州）移民所建。又据民国《儋县志》记载，县内两座天后宫在清初的时候分别是广府会馆和福潮会馆，即作为广东、福建等外地商人在该地的相互沟通、联络乡情的场所❶。如上所述，这些来自福建、广东等地的移民、商人，到达海南岛经商、定居生活后，或是创建妈祖宫庙，或是参与建设、修葺，对于妈祖信仰在海南的传播起到了重要的促进作用。

4. 空间分布：妈祖信仰多集中在沿海港口及津渡

妈祖信仰，可以说遍布海南岛，在明清时期的13个州、县，每个州、县均有妈祖庙分布，共计有50座之多。这13个州、县，除了定安县为居海南岛中北部，其他12个州、县均分布于沿海，而妈祖庙多在沿海港口、津渡或人口集中商业繁盛的市墟。

受古代"海上丝绸之路"影响，在海南岛之海上交通便利的港口、津渡，多会建有妈祖庙供人信仰祭祀。究其原因，一则这些地区商业繁荣，人口聚集；二则往来船只风帆亦夥，妈祖作为护佑海上行船的神灵，故多被航海行船者和经商者所崇拜。如海南岛元代所建琼山、万州、崖州和感恩等地四座天妃庙，均建于沿海地带。

在文昌，其清澜、铺前等港亦是非常有名。据正德《琼台志》、康熙《文昌县志》、民国《文昌县志》等文献记载，明清之际计有十余座妈祖庙，是当时海南岛分布有妈祖宫庙最多的州县。其中清

---

❶ [民国]王国宪.（民国）儋县志[M].海口：海南出版社，2004：247.

澜天妃庙"在所城外陈家市海边"❶，另有天妃庙"在铺前市北，咸丰丙辰，职同知林玉辉、监生李基植等邀建"❷，"在东区清澜马头埠，清宣统三年，朱希颜邀建"❸ 等，都分布在港口或海边村庄，以方便往来人员以及出海渔民祭祀。

　　古代"海上丝绸之路"的发展与妈祖信仰在海南的流行之关联，从外部考察可以归结为以下三个方面。而究其内在联系，一是古代"海上丝绸之路"蕴含了中外人民、特别是中国人民在航海上的艰苦开拓，其航行途中经常必须面临各种艰难险阻，因此在自身人力有限时不得已只能借助于信仰的力量。妈祖是中国东南沿海广为流行的民间海上神灵，人们在航海途中多借助其神力，所以妈祖信仰亦随海运、海上贸易的兴起而广泛传播。二是海南作为一个孤悬海外的岛屿，其人民面朝大海、以海为生，其本土的涉海神灵信仰本来亦较为丰富，故能迅速接受妈祖信仰并广为传播流行。三是古代海南本岛亦具有较高的造船技术与航海技术，其人民也积极参与到"海上丝绸之路"的对外贸易交往活动中去，这不仅推动了妈祖信仰在本岛的流行和向海外传播，而且妈祖信仰还与本地信仰文化结合，产生了具有海南信仰信俗文化特色的水尾圣娘信仰、108兄弟公信仰等。

　　（三）古代"海上丝绸之路"与海南妈祖信仰在海外的传播
　　海南岛作为古代"海上丝绸之路"的关节点，其妈祖信仰的传

---
❶ ［清］马日炳.（康熙）文昌县志［M］.海口：海南出版社，2003：47.
❷ ［民国］李钟岳，等.（民国）文昌县志［M］.海口：海南出版社，2003：129.
❸ ［民国］李钟岳，等.（民国）文昌县志［M］.海口：海南出版社，2003：131.

入与流行同"海上丝绸之路"有着重要关联；同时，明清以来，沿着"海上丝绸之路"航线，许多海南人民下到南洋经商贸易或务工为生，因此海南妈祖信仰也传播至海外、特别是东南亚地区的新加坡、马来西亚等国家。

大约在19世纪初，海南籍华人华侨开始移居新加坡、马来西亚等国。1895年，海南华侨在马来西亚槟城乔治市义兴街购地建筑琼州馆，并与天后宫二位一体，故其在《琼州馆迁建碑记》中云："尝思圣母之德，上护国家，下扶士庶，五湖共沐鸿恩，四海咸沾骏泽，其功至大者，莫若此也……故此爰众公论，择地重建，即兹造庙崇祀，立像报恩。"❶ 而其时海南华侨来到马来西亚各地经商谋生，所到之处凡是建设琼州馆，亦多是会馆与天后宫"二位一体"，崇祀天后（妈祖）以及水尾圣娘、108兄弟公等其他具有海南地方特色的神灵。清代以来，海南华侨仅在马来西亚所建的天后宫，计有建于清同治八年（1869年）的马六甲琼州会馆天后宫、建于光绪八年（1882年）的柔佛麻坡琼州会馆天后宫、建于光绪九年（1883年）的霹雳州太平琼州会馆所附天后宫、建于光绪三十年（1904年）的彭亨关丹琼州会馆天后宫等❷。据统计，至今"马来西亚海南馆联合会属下各州内的68间海南会馆，其中35间设有天后宫，46间有供奉妈祖"❸。故此有人指出，海南华侨所到世界各地，只要是建设琼州会馆，必定会崇祀供奉天后（妈祖）。特别是在马来西亚，

---

❶ 李天锡. 马来西亚华侨华人妈祖信仰窥探 [J]. 八桂侨刊, 2009 (1).
❷ 宋元模. 天后宫在马来西亚各地 [C] //朱天顺, 主编. 妈祖研究论文集. 厦门: 鹭江出版社, 1989: 183-185.
❸ 苏庆华. 马新华人研究 [M]. 吉隆坡: 马来西亚创价学会, 2004: 124.

第四章 海南海神信仰与海洋贸易

"会馆与天后宫结合的现象在海南会馆表现最为明显、最为典型"[1]。

而在新加坡,会馆与天后宫也往往是结合在一起的,而且其团体也通常是根据来自中国各地移民的省籍来予以区分的,如福建方言群、广东方言群,海南方言群的琼州会馆亦设有天后宫(47 Beach Road S'pore 0781)。"从 19 世纪以来到今日之 21 世纪,新加坡的妈祖信仰历经了由盛而衰的过程。……这些情况有些已成为历史的陈迹,有些则成为持续不变的传统,但这些都代表了妈祖信仰在新加坡曾经盛极一时的事实。"[2]

综观古代"海上丝绸之路"与海外妈祖信仰的关系,主要体现为两个方面:一是明代郑和率领船队七次下西洋,每次船队有多达二三万人之众。其中船队部分随行人员即留居东南亚各国,同时亦将其妈祖信仰信俗文化在海外保存和传播开来。二是中国东南沿海诸地以及海南侨民,沿"海上丝绸之路"而下到南洋,特别是海南华侨,在建立会馆的同时附立宫庙崇祀天后,极大地推动了妈祖信仰在海外的传播。

总而言之,历代以来,古代"海上丝绸之路"航线经过海南岛沿海,不仅推动了海南的开发和社会经济的发展,同时也促进了妈祖信仰在海南岛各地的传播和盛行。古代"海上丝绸之路"与海南妈祖信仰的关系,则主要体现为"海上丝绸之路"所开辟的海上航线,极大地推动了航海文化的发展,特别是郑和下西洋促进妈祖信仰在海南的传播;来自闽粤的移民特别是商人积极倡建和参与修建

---

[1] 路遥,等. 中国民间信仰研究述评[M]. 上海:上海人民出版社,2012:291.
[2] 路遥,等. 中国民间信仰研究述评[M]. 上海:上海人民出版社,2012:200-302.

妈祖宫庙，推广妈祖信仰文化。而在空间分布上，妈祖信仰主要集中在海南岛沿海港口、津渡和商业繁盛的市墟。此外，海南妈祖信仰文化沿着"海上丝绸之路"还被传播至东南亚地区，海南华侨对于妈祖信仰在海外的传播，可谓居功颇大。

第五章 海南海神信仰与海洋渔业

海南岛位于中国南海北部，沿海地区的渔民自古以来以出海捕鱼为生。他们或在海南岛周围近海区域捉虾捕鱼，或者是驾乘舟船，远至西沙群岛、中沙群岛甚至是南沙群岛海域捕鱼作业，拾贝捡螺。因此，渔业是海南居民的重要的生产活动之一。在长期的海捞、捕鱼作业过程中，海南渔民也形成了独特的海神信仰文化。他们所信仰的海洋神灵众多，既有沿袭、吸收来自岛外的海神信仰文化，同时也创造了丰富多彩、独具特色的本土海神信仰文化。在本章，我们将在简要探讨海南渔业发展历程的基础上，论述在渔业生产过程中所形成并且贯穿其始终的海神信仰文化；而渔民作为海神信仰的重要群体，他们的海洋神灵信仰与祭祀尤其值得关注。同时，海南疍民是海南渔民的一个较为独特的群体，其民族来源素来引起较多争议，而其海神信仰文化也有着其独特之处。

一、海南古代海洋渔业发展概述

海南海洋渔业的发展历史应该说是相当久远，我们可以相信，在海南岛最早的先民在这里生活栖居，面朝大海，当时就面向大海探索，开始了最早的渔业捕捞生产活动。因为在迄今考古发现的海南岛最早的两处原始人类遗址中均发掘出贝类、蚌类等遗存物。在三亚落笔洞古人类文化遗址，据考古发现，早在1万年前左右就有人类在这里生活栖居。"在洞穴遗存的堆积物中，发现了大量的水生软体动物遗骸，堆积十分密集。水生动物计有7目24种，其中各类螺壳约有七万个之多"，由此可见，"当时的人们重视对水生动物的利用，捕捞经济比较兴旺发达"❶。位于东方市的新街贝丘遗址，是一处非常重要的新石器时代的文化遗存。在这里的文化层堆积中发现了大量的贝壳遗骸，映射出数千年前生活栖息在这片滨海土地上古人们的活动场景。或许在这些原始人类面朝大海的生产、居住和生活中，已经开始意识到蔚蓝大海的神秘、博大、富饶和危险，在逐步与大海打交道、慢慢开始由近海而深入大海的过程中，产生出对于海洋及其可能存在的海洋神灵的极其虔诚的崇拜。

（一）海南渔民的捕捞活动

古越人是"南蛮"族的一支，也是在海南岛最早开发的先民之一，其俗包括文身、习水、蛇崇拜等。《隋书》载："南蛮杂类，与华人错居……古先所谓百越是也。其俗断发文其身。"❷许慎《说文解字》注"蛮"曰："南蛮，蛇种。"❸海南岛的黎族先民也是同有文身的习俗。郭璞注《山海经》之"儋耳之国"云："其人耳大下儋，垂在肩上，朱崖儋耳，镂画其耳，亦以放之也。"❹又注"离耳

---

❶ 郝思德. 三亚落笔洞洞穴遗址文化初探［J］. 南方文物，1997（1）.
❷ ［唐］魏征，令狐德棻. 隋书［M］. 北京：中华书局，1973：1831.
❸ ［汉］许慎. 说文解字［M］. 北京：中华书局，1963：282.
❹ 袁珂，校注. 山海经校注［M］. 上海：上海古籍出版社，1980：425.

第五章｜海南海神信仰与海洋渔业

国"云：离耳"即儋耳也。在朱崖海渚中。不食五谷，但噉蚌及藷簌"。❶ 由此可知，海南先民很早就从事捕鱼捞蚌的渔业活动。他们的渔业活动，最初是在海滩河口，然后慢慢开始驾舟去滨海附近，随着造船技术的发达，再前往更远的海域捕捞。"自宋代起，海南渔民就制造出各种各样的渔船，持续不断地开发北部湾渔场和远征南海诸岛海区。他们在与惊涛骇浪的长期搏斗中，逐渐认识并掌握了海洋流汐规律及远海渔场特征，在风云变幻中向海洋渔业的深度、广度进军。"❷

关于古代海南渔民的捕捞活动，正德《琼台志》在介绍海南土产时也记述了捕鱼的方式和场景："马鲛，一名乌鱼，东语呼'木画'。有一种形略扁者。春南风起，琼山东营港极多，置以网延至岸钩取之。……骨常，一名大头，儋名赤鱼……春末夏初，海上叠阵而来，自底至面。船网必以一能者沉水，视鱼放网。多有鱼阵压死不起者，得鱼则与之均分。若船力不胜鱼，则急破或舍网纵之，不然有沉船者。"❸ "鳝，俗呼海龙翁，极大，脊骨节可为臼。母背常负子。文昌清澜海多。疍人常驾舟系索于铁枪以摽其子，随候其毙，拽诸岸，取油货至万余钱者。"❹ 这里特别是关于放网捕获"骨常"场景的记述生动而惊现，鱼群"海上叠阵而来，自底至面"，放网则需要一个人沉入水中"视鱼放网"，而且渔民还有生命之忧，甚至如果"船力不胜鱼"，更有网破船沉的危险。从这些只言片语的记述，

---

❶ 袁珂，校注. 山海经校注 [M]. 上海：上海古籍出版社，1980：269.
❷ 陈光良. 海南经济史研究 [M]. 广州：中山大学出版社，2004：222.
❸ [明] 唐胄. （正德）琼台志 [M]. 海口：海南出版社，2006：193-194.
❹ [明] 唐胄. （正德）琼台志 [M]. 海口：海南出版社，2006：195.

亦可见古代渔民在海上捕鱼作业的危险。捕获"鳝"则是"常驾舟系索于铁枪以摽其子","取油货至万余钱者"。尽管渔民捕鱼辛苦而且危险,但是有时候获利也比较丰厚。但是总体而言,海南渔民劳作艰苦、生活清贫,经常为了维持生计而不惜冒着生命危险出海捕鱼。此外,这里值得注意的是"蛋"及"蛋人",他们是古代海南渔民的重要组成部分,关于其族源、生活习俗及海神信仰,本章在下文将会予以必要的论述。

(二)海南渔民的造船技术

海南岛作为一个移民岛屿,那些渡海而来的最早先民就是驾乘舟筏漂洋过海而来的。由此可知,最早开发海南岛的先民,就已经掌握了制造独木舟、竹木筏等造船技术。这些水上交通工具,亦可以作为海上捕捞的重要工具。而主要是用于改进海上捕鱼工具以及海上交通的民用造船,海南人自己制造船只,"至迟在宋代便已展开"[1]。

因为海船必须能够适应和抵御较大的海上风浪,因此海南人所造船只,既有继承和维持原有的造船技术,又能根据海南航海所需以及本地造船材料,进行必要的创新,并具有较强的自身特色。清代屈大均《广东新语》记载了海南制造的所谓"藤埠船":"琼船之小者,不油灰,不钉锴,概以藤扎板缝,周身如之。海水自罅漏而入,渍渍有声,以大斗日夜戽之,斯无沉溺之患。其船头尖尾大,形如鸭母。遇飓风随浪沉浮,以船有巨木为脊,底圆而尖,故能出没波涛也。苏轼云:番人舟不用铁钉,止以桄榔须缚之,以橄榄糖泥

---

[1] 张朔人. 明代海南文化研究 [M]. 北京:社会科学文献出版社,2013:64.

第五章 海南海神信仰与海洋渔业

之，泥干甚坚，入水如漆。'盖自古而然矣。"❶ 这种渔船"不油灰，不钉镙"，周身"以藤扎板缝"，一旦漏水的话就用大斗不停地将水舀出来，而且因为这种船以巨木为脊，底圆而尖，能够出没于海上波涛之中而不易沉溺。这既体现了海南渔民因地制宜、就地取材的创新、创造智慧，同时也由此可知这类小渔船当主要是在近海地区捕鱼拉网之用，而无法适合远航远海之处捕捞。

张岳崧编纂的道光《琼州府志》曾详述比较广船、开浪船、蜈蚣船、战船、粤船、洋船等，亦评价海南的这类小型渔船："渔船于诸船中制至小，材至简，工至约，而其用为至重。何也？以之出海，每载三人，一人执布帆，一人执桨，一人执鸟嘴铳。布帆轻捷，无垫没之虞，易进易退，随波上下，敌船了望所不及也。"❷ 即是说渔船在关键时刻也可以征作为海上的战事所用。由于其船体型小，便于操作应敌，故也可以发挥特殊的作用。

海南传统渔船体型小，没有桅杆风帆，主要适合于近海作业。明清以来，福建、广东地区大量移民迁入海南，其中部分移民重操捕鱼旧业，或者是这些地区的一些渔民驾船乘风漂泊而至，停驻海南岛沿海港口，从事海上捕鱼活动。这在很大程度上推动了海南建造渔船技术的发展，也推动了海南渔民进一步向远海地区开展捕鱼活动。特别是文昌、琼海等地渔民已前往西沙、南沙海域进行捕鱼生产。据渔民口述，以前海南渔民前往西沙、南沙海域捕鱼的渔船用的都是"红头船"。这种船"一般是三根桅或两根桅（三根桅载

---

❶ ［清］屈大均. 广东新语［M］. 北京：中华书局，1985：483.
❷ ［清］张岳崧.（道光）琼州府志［M］. 海口：海南出版社，2004：764.

重至少五六百担到七八百担，两桅船载重三四百担到五六百担），而一根桅的船就不敢去南沙捕鱼。每只船可用十几年。旧船入港修理后就不再用作南沙捕鱼，只到文昌七洲列岛一带打鱼。"❶ "一只渔船带四五只小艇（舢板）……一条渔船约有24~25人，有船长或大工管驾驶。"❷ 近、现代以来，海南仍然保存有大量的木制渔船，渔民们还保留着传统的造船技术，但是前往西沙、南沙群岛海域捕鱼的渔船，则基本上都已经是发动机驱动的渔船。

（三）海南渔民前往南海诸岛海域

西沙群岛、南沙群岛和中沙群岛海域是海南渔民的传统渔场，从明代开始，海南渔民就前往这些海域进行捕捞活动。据《琼海县志》载："明代永乐年间，欧村港、冯家埠、港门埠、草塘埠一带的渔民，已往返于西沙、南沙、中沙群岛捕鱼和居住。每年农历十月，渔民们驾驶帆船乘东北风南下西沙、南沙、中沙渔场，从事海参、贝类等海珍品作业，然后将鱼鲜品运往南洋群岛销售，换取食物和生活用品，至翌年农历四月乘西南风返航。"❸ 这一时期，文昌渔民也凭借着较为简陋的渔船和工具，前往西沙群岛和南沙群岛海域捕捞作业。

与近海海域捕捞不同，海南渔民远渡重洋前往西沙群岛和南海群岛海域捕鱼，所需历经艰辛万苦。如前文所述，前往远海捕鱼，必须是要驾乘两根桅或者是三根桅的渔船，而如今前往西沙、南沙

---

❶ 韩振华. 我国南海诸岛史料汇编 [M]. 北京：东方出版社，1988：405.
❷ 韩振华. 我国南海诸岛史料汇编 [M]. 北京：东方出版社，1988：413.
❸ 琼海县志 [M]. 广州：广东科技出版社，1995：198.

第五章｜海南海神信仰与海洋渔业

捕鱼的渔船都已经是机动船。在东北风季节的时候，渔民驾船乘风南下，在西沙或南沙地区捕鱼作业，生活作息，直到次年的三四月才又乘西南风返航。据20世纪70年代海南渔民口述："南沙的鱼很多，有红鱼、鲨鱼、旗鱼、金枪鱼、马鲛鱼等，白千鱼一条一百多斤重。……在南沙捞的公螺都运到新加坡去卖，海龟干、鸟干、白海参、黑海参运回海南，赤海参、红海参则运到新加坡去，新加坡需要的是红海参。"❶ 渔民到南海诸岛捕鱼，或者是归航将海捞产品带回来，或者是继续驾船前往东南亚的新加坡等地出售，换取钱财或粮食再回来。

海南渔民流传和保存下来的《更路簿》是海南渔民开发和经略西沙、南沙群岛，前往这些海域捕鱼捞贝的重要历史见证。1977年7月，有学者在海南的文昌、琼海两县调查采访时，获得了四份渔民往来于西沙群岛、南沙群岛的《更路簿》，由此对于海南渔民的《更路簿》研究初步展开。近年来，随着调查研究的深入，不断有新发现保存在民间的《更路簿》，对于《更路簿》研究更是取得较大进展。据海南大学夏代云等人统计，截至2016年6月，在海南各沿海市、县"已发现存世《更路簿》32种"❷。现在所存的各种《更路簿》总共记录了两百多条航线，"它承载着我国渔民特别是海南渔民在南海生产生活的鲜活历史，是我国渔民特别是海南渔民在南海

---

❶ 韩振华. 我国南海诸岛史料汇编[M]. 北京：东方出版社，1988：408.
❷ 夏代云，牟琦，何宇阳. 海南渔民《更路簿》的时代考证和文化特征[J]. 中南民族大学学报：人文社会科学版，2016（5）.

生产生活的缩影"❶。深入开展关于海南《更路簿》的研究，既是逐步认识海南渔民在南海捕鱼的历史，也是中国人民经略南海的重要历史见证。

二、海南渔民的海神信仰与祭祀

海南渔民常年出海捕鱼为生，不得不面对风涛巨浪，稍有不慎极有可能葬身海底。因此，海南渔民对于给予其生计、但又有可能威胁其生命的海洋非常敬畏，他们崇祀海洋神灵，希望其能保护渔民海上往来航行平安，同时也祈祷能够获得渔业丰收。海南渔民的海神信仰不仅历史悠久，而且许多信仰活动及仪式文化等都延续至今。

（一）渔村的海神信仰与祭祀

在海南岛的沿海，几乎每个渔村都有着自己的海神庙宇，崇祀海洋神灵，如妈祖、水尾圣娘、108兄弟公、峻灵王、南海龙王等。海南岛东部沿海地区多以信仰妈祖、水尾圣娘和108兄弟公等海神为主，西部沿海地区多以信仰龙王、峻灵王等海神为主。时至今日，在民间一些重要的节日，出海捕鱼前、捕鱼期间以及捕鱼归来，渔民都会举行隆重的祭祀海神活动。如在农历二月二日传统的"龙抬头"节日，渔民祭祀龙王等海神；8月初捕鱼期开渔，渔民祭祀妈祖、108兄弟公等诸神。

---

❶ 李国强.《更路簿》研究评述及创建"更路簿学"初探[J]. 南海学刊，2017（1）.

据海南大学王恩等人的调查："潭门渔民在远海航行作业中分四个阶段祭祀'108兄弟公'：一是出海前，二是归航后，三是渔船到达某一海域开捕前，四是逢年过节。出海前举行的'祭兄弟公出海仪式'祭祀活动俗称'做福'，归航后举行的祭祀活动俗称'洗咸'，开捕前和节日举行的祭祀活动俗称'做兄弟公'。"❶ 海南潭门渔民的"祭兄弟公出海仪式"除了供奉丰富的贡品，还要请道士施法敬请"108兄弟公"以及其他诸神到坛，驱除渔船上的妖魔鬼怪等。"做兄弟公"则是渔民到达西沙群岛，或者是前往南沙捕鱼时渔船经过西沙及到达南沙开始捕鱼前，都要祭祀"108兄弟公"，意味着向"兄弟公"报告，前来捕鱼作业，请求神明护佑渔船平安和丰收。

（二）渔船上的海神祭祀

渔民不仅在海神庙宇祭祀神灵，在开渔及重要节日举行祭祀活动，而且在渔船上也悬挂写有海上神灵名号的旗帜，并供奉着海神神位和祖宗神位。

在海南临高渔民的渔船上，"渔船上挂满了旗帜，旗帜的特点是一杆两旗，上面为一三角形小旗，下面为一长方形小旗，上写有'华光大帝''都统真君''御史真君''神山明王''辛帝判官''祖师功曹''玄天土帝''英烈天妃''五佛大帝''护法大将军'或'班帅侯王'等四五个字，旗帜镶边，颜色各异，远远望去，赫然醒目。"❷ 而这些名号都是渔民们在海上的保护神。如黄姓船主的

---

❶ 王恩，等. 帆船时代潭门渔民更路南海技术与航海习俗［J］. 南海学刊，2017（1）.
❷ 林贤东. 海南岛的海洋民俗文化［J］. 浙江海洋学院学报：人文科学版，2005（1）.

渔船上供奉的神灵牌位为："船主敕赐鲁班师傅至巧大神、敕赐浮汉忠显灵应大侯王、南无大慈大悲救苦救难灵感观世音菩萨、九天开化文昌司禄梓潼帝君、敕封三界伏魔忠义仁勇护国保民关圣帝君、港主会中一切圣众、宣封掌教都统御天显应法师、太祖玉昭天门北府座道灵公天英上帅、黄家香火有位福神一切圣众。"❶ 桂姓船主的渔船上供奉的神灵牌位为："港主敕赐神山峻灵广德明王、港主敕赐超佳嘴广德明德大王、港主宣封辅门萌著英烈天妃、桂家雷灵副帅青帝铁笔辛天君、船主敕赐鲁班师傅至巧大神、神山峻灵广德明王、敕赐三十三天都天教主五灵五显火光大帝、庙主韩家香火观赵马将军、船头船尾二大将军、港主港口庙神一切圣众、桂家香火有位福神。"❷

渔民在海上遇到危机情况，都会呼唤众神名号，向神灵祈祷护佑。在渔民的口口相传中，很多时候海上众神往往都会显现神通，能够使渔船逢凶化吉、转危为安。琼海渔民口述自己出海遭遇风险的经历："有一次，从清澜开船往南沙，途中遇大风，船上的东西都翻了，我们央求'一百零八兄弟公'保佑。结果我们在海上飘流了七天七夜，最后飘到越南的白马，幸好，人都活着。"❸ 在他们看来，这已经是不幸中的万幸了，而其缘由，亦与海上神灵的护佑不无关系。

(三) 海南诸岛的海神信仰

明清以来，海南渔民前往西沙群岛、南沙群岛等海域捕鱼作业，

---

❶ 林贤东. 海南岛的海洋民俗文化 [J]. 浙江海洋学院学报：人文科学版, 2005 (1).
❷ 林贤东. 海南岛的海洋民俗文化 [J]. 浙江海洋学院学报：人文科学版, 2005 (1).
❸ 韩振华. 我国南海诸岛史料汇编 [M]. 北京：东方出版社, 1988：411.

第五章 海南海神信仰与海洋渔业

同时他们也将海南的海神信仰文化带到南海诸岛，渔民们在这里祭祀海神，祈求海神护佑。在南海诸岛，几乎海南渔民所到之处，他们都会在岛礁上用珊瑚石搭建简单的小型庙宇，祭祀妈祖、土地公、108兄弟公等神灵。

海南渔民驾船前往西沙群岛和南沙群岛海域捕捞，他们在海上航行及捕捞作业极其辛苦，颇有生命之忧。为了祈求渔业丰收和航海平安，海南渔民不仅在渔船航行中祭祀祈祷妈祖，而且在捕捞期间所停驻、躲避风雨的南海诸岛上立庙祭祀。据1977年所整理的海南渔民口述材料："在黄山马（今太平岛），还看到我们渔民先辈所建的天妃（天后婆）庙，用珊瑚砌成低矮的小庙，我们到岛后都要去祈求保佑平安，这天妃庙建成至此至少至少也有百年以上历史。"[1] 在西沙永兴岛，古时也建有妈祖庙，"西沙群岛最大的庙，是在猫注（今永兴岛），祀奉天妃，渔民们称她曰猫注娘娘"，"海神天妃娘娘或天后娘娘，在西、南沙群岛除了称她为'娘娘'之外，也称她为天后婆"[2]。在西沙群岛，其实还建有很多包括妈祖庙在内的海神庙宇，"这些庙宇历经多次的重建、增建、修葺，是东南沿海的渔民或疍家、过往商船、客商的避灾祈福之所"[3]。

除了祭祀妈祖，在南海诸岛，最为常见的"兄弟公庙"，或称为"孤魂庙"。海南渔民崇信108兄弟公救助海山兄弟的故事，故到南海岛屿，独有建立有孤魂庙祭祀。"在南沙各岛，凡有人住的地方都

---

[1] 韩振华. 我国南海诸岛史料汇编[M]. 北京：东方出版社，1988：425.

[2] 韩振华，李金明. 西、南沙群岛的娘娘庙和珊瑚石小庙[J]. 南洋问题研究，1990（4）.

[3] 陈进国. 南海诸岛庙宇史迹及其变迁辨析[J]. 世界宗教文化，2015（5）.

有庙，铁峙、红草、黄山马、奈罗、罗孔、第三、鸟子峙等岛都有我们渔民祖先建造的珊瑚庙。渔民到南沙后都要到庙里去祈求保佑平安和生产丰收。"❶ 而其中所谓"珊瑚庙"主要是孤魂庙居多。"这种庙（孤魂庙）数量甚多，几乎各岛均有，仅西沙群岛就发现了14座，它们分布在东岛、赵述岛、北岛、南岛、永兴岛、琛航岛、晋卿岛、广金岛、珊瑚岛、甘泉岛等地，在南沙群岛的双子礁、中业岛、太平岛、南钥岛、南威岛、西月岛、马欢岛等地也有这种庙宇。庙宇的规模同内地乡村的土地庙差不多。渔民们就地取材，用珊瑚石板或石块砌造。有些庙中设有神像或供器，还有门额、对联和神主牌。"❷ 2014年初，笔者前往西沙群岛的永兴岛调研，在岛上即见到立于港口处的兄弟庙。

三、海南疍民的海神信仰与祭祀

海南疍民自古以来生活在海南岛四周的滨海，他们常年生活在渔船之上，以船为家，与海为伴，以入海捕捞为业。海南疍民是海南渔民的重要组成部分，其海神信仰文化亦是海南海神信仰文化的重要内容。

(一) 海南疍民的来源

《舆地纪胜》云："蜑户，以船为生，居无室庐，专以捕鱼自

---

❶ 韩振华. 我国南海诸岛史料汇编 [M]. 北京：东方出版社，1988：416.
❷ 何纪生. 海南岛渔民开发经营西沙、南沙群岛的历史功绩 [J]. 学术研究，1981 (1).

赡。"❶ "疍，又称蛋、蜑、蜓，是一个以舟为室，视水为陆，浮生江海的族群。"❷ 自古以来在中国东南沿海、海南岛沿海都有疍民的分布，但是关于疍民的来源众说纷纭。陈序经的《疍民的研究》以为："关于疍民起源的传说或学说，据我们现在所知道的，约有三十余种。"❸ 而这三十余种说法，又可以分为：从疍民的体格或疍民所有艇舶的形状来说明其来源的，从疍民的"疍"字解释其来源的，以为疍民乃由某种动物而来的，以为疍民乃来自某一地方的，以为疍民始于某一时代的，以为疍民乃始于某种民族的别名或其支族的等六类。林惠祥撰写的《中国民族史》一书将陈序经先生所引述的三十余种说法析为十二种疍民族的来源学说，并提出自己的观点："余意越族为古代东南方大族且以精于操舟著名，其居海滨者为渔业及交通之便利而营水上生活，乃自然之势，至于汉族南下，因被压迫及避迁徙（如汉武帝徙闽越人民于江淮），或更有一部分逃于海上，后因习惯不复移居陆地。……总之现在之疍民来源恐不可以'一元说'尽之，而应采'多元说'，越族疍蛮、汉族甚或猺、撣、马来恐皆有其成分。"❹ 林惠祥先生所持观点甚是，疍民之最初来源，不应该是单一的民族来源，可以说是来自多民族的，其论较好地解释了疍民之最初来源。

关于海南疍民之最初来源，海南大学张朔人先生认为："林惠祥先生对于疍民起源的判断，基本上解决了海南疍民的族属问题，即

---

❶ ［宋］王象之. 舆地纪胜［M］. 影印本. 北京：中华书局，1992：3566.
❷ 张朔人. 海南疍民问题研究［J］. 安庆师范学院学报：社会科学版，2007（2）.
❸ 陈序经. 疍民的研究［M］. 上海：商务印书馆，1946：1.
❹ 林惠祥. 中国民族史［M］. 北京：商务印书馆，1993：140-141.

以越族为主，具有多元性，同两广的疍族有着一定的关联。尤其是南宋末年兵败、元朝占城'番人'以及明末清初等政治性难民等大量机械性的人口的移入，并且随着时间推移而逐渐'疍民化'，这些都是海南疍族族源的主要源流。"❶ 司徒尚纪先生则以为：在海南岛沿海地区的"咸水疍"，"包括海口港、文昌铺前港、清澜港、琼海、陵水、三亚等地，均有操粤语方言的疍民，自云来自广东顺德、番禺和阳江等县市"❷。

关于海南疍民的分布与生产、生活及对其管理，宋代赵汝适《诸蕃志》载：海南"属邑五：琼山、澄迈、临高、文昌、乐会，皆有市舶，于舶舟之中分三等，上等为舶，中等为包头，下等名蜑舶，至则津务申州，差官打量仗尺，有经册以格税钱，本州官吏兵卒仰此以赡"❸。其中的"蜑舶"，即为疍民艇舶。官府依据丈量疍民艇舶大小来收取税钱，以至于"本州官吏兵卒仰此以赡"。在海南岛沿海地区的港口，基本上都有疍民生活的足迹。

在海南地方文献中，现存海南最早的地方志正德《琼台志》首次较为详细地记录了海南疍民的情况："疍人各州县皆有，居海滨沙洲。茅檐垂地，或从屋山头开门。男子罕事农桑，惟缉麻为网罟，以渔为生。子孙世守其业，岁办鱼课。其在崖者，或种山园疍产。自相婚娶。养牛耕种，妇女织纺布被为业。"❹ 明正德七年（1512年），琼州府纳入籍册的居民总共有54798户，其中疍民1913户，

---

❶ 张朔人. 海南疍民问题研究 [J]. 安庆师范学院学报：社会科学版, 2007 (2).
❷ 司徒尚纪. 中国南海海洋文化 [M]. 广州：中山大学出版社, 2009：277.
❸ [宋] 赵汝适. 诸番志校释 [M]. 杨博文, 校释. 北京：中华书局, 2000：221.
❹ [明] 唐胄. (正德) 琼台志 [M]. 海口：海南出版社, 2006：149.

约占 3.5%。❶ 在其他州县，地方文献也都有关于疍民的相关记录。康熙《万州志》即记载清代万州地区沿海疍民的生活及对其管理的情况："疍人隶州者，若新泽、东澳等处。茅屋，居海滨。业鱼，赶圩换谷，岁纳鱼课。妇人髻垂后，或插簪包金。戴平头藤笠，负贩。"❷ 在崖州，疍民"世居大蛋港、保平港、望楼港濒海诸处"。❸ 在临高县，"疍居海滨，葺茅为宇……以渔为业。近亦有读书列庠士者"。❹ 海南疍民一般都是将艇舶停驻在海南岛东南部及北部沿海港口和近海，常年生活在渔船上，有时亦于滨海岸边立茅屋居住，以捕鱼为业，他们因生活所需经常上岸往市圩换取粮食，虽然纳税，但是较为普通民众税负较轻。后来也有疍民读书入仕，与普通民众无异。

海南疍民基本上会相对地固定生活在一个区域，但是也有流动的。陈序经在《疍民的研究》一书中记述了清末民国时期海南疍民的迁徙活动轨迹："在琼州东北的清澜港，每年春夏两季，好多疍家渔艇，多从万州陵水一带随南风而来清澜。他们在清澜海傍，有些插木为柱、以茅为瓦，有些仍住艇上。到了秋冬两季，他们又随北风而南返万州陵水。他们秋去春来，正像春去秋来的燕子一样，一年要住两个地方。"❺

新中国成立至今，海南岛仍有一定数量的疍民及其后裔，他们

---

❶ [明] 唐胄.（正德）琼台志 [M]. 海口：海南出版社，2006：224.
❷ [清] 李琰.（康熙）万州志 [M]. 海口：海南出版社，2004：141.
❸ [清] 张嶲，等. 崖州志 [M]. 广州：广东人民出版社，1983：34.
❹ [清] 桂文炽，汪瑔.（光绪）临高志 [M]. 海口：海南出版社，2004：100.
❺ 陈序经. 疍民的研究 [M]. 上海：商务印书馆，1946：55-56.

"主要聚居在海口海甸港、陵水新村港、昌江海尾、临高新盈港、三亚港、榆林红沙、后海、海棠湾（海尾）等地。其中陵水新村镇疍民有 2500 多户，三亚市散居的疍民估计有 1 万人左右"❶。而据学者初步调查，如今"海南现有疍民人口约 4 万以上"❷。其中有部分疍民已经在滨海岸上建立房屋定居，或者捕鱼为业，或者改为从事其他行业；但在同时，仍然有部分疍民，他们主要还是以常年居住在渔船上，以船为家，捕鱼为业。

（二）海南疍民的海神信仰文化

关于疍民的海洋神灵之信仰，陈序经在其《疍民的研究》一书中即谓："最初记述疍民的宗教的人，都相信他们以蛇为崇拜的对象。《天下郡国利病书》卷一百四云：'疍人有姓麦，濮，吴，苏。自古以南蛮为蛇种，观其疍家神宫蛇像可见。'《潮州府志》亦有同样的记载。现在疍民习俗上，还有崇拜蛇精的残影。"❸ 海南疍民的原始的海神信仰已经缺乏文字证据，但是从此应该可以推测，海南疍民在其族源原始信仰中，亦有以蛇为崇拜信仰对象。因为既然疍民的最初来源是与古越族密切相关者，越族多熟悉水性，并以蛇神为崇拜对象，所以疍民之蛇崇拜亦不难理解。陈序经关于疍民的宗教信仰，亦有涉及海神方面的，他接着说："疍民的迷信与陆上汉人无异，据岭南社会研究所调查，沙南疍民最崇拜的鬼神如下：……洪圣大王、华光大帝、天后元君，安放在公所内。……天官或天公，

---

❶ 陈光良. 海南疍民千年迁徙路径 [N]. 海南日报，2014－06－09.
❷ 林容宇. 疍家千年遗韵自成一体 [N]. 海南日报，2014－06－09.
❸ 陈序经. 疍民的研究 [M]. 上海：商务印书馆，1946：159.

第五章｜海南海神信仰与海洋渔业

安放在艇头。护舟神龙，安放在艇尾。"❶ 疍民由于常年生活在渔船上，以捕鱼为生，自然在其宗教信仰方面，既有置于陆地公所的海神塑像，也有安放在船头、船尾的神像，以此护佑海上平安，祈祷海上捕鱼丰收，海神信仰占据了重要内容。

与其他地区疍民的信仰情况相类似，海南疍民的宗教信仰，包括海神信仰，与当地汉族的宗教信仰没有太大的差别，但仍然有自己的一些特色。海南疍民既有传统的佛教、道教信仰，同时也信仰妈祖、兄弟公、五龙王、光华、北帝、观音等诸神。如在疍民较为集中居住的滨海村庄或港口，都有疍民信奉海神庙宇的分布，海口新埠岛、琼海博鳌均有兄弟庙，澄迈东水港和昌江昌化港则有天后宫，陵水黎安港和三亚保平港有龙王庙等。

据正德《琼台志》载："石三娘庙，在（崖州）州南大疍村，海边疍、番每年于夏间致祭。成化丁酉（1477年），判官赖宣重建。"❷ 明代时崖州（今三亚市）大疍村，立庙祀奉"石三娘"，不知其神具体详细情况。而到清代时该庙也已经废弃。但是由其中所记可知，其信仰者主要是迁徙而来的"疍民"和"番民"。大疍村附近有大蛋港，据《崖州志》记载，明清时的大蛋港是"疍民"世居地和宋元时占城人所迁来的"番民"散居之地❸。故此，石三娘信仰当具有比较独特的异地特征。

"五龙王"又称为"五龙大王""五龙公"等，在三亚南边海路的五龙神州庙、崖州区港门村的龙王庙等，都以信奉祭祀五龙王为

---

❶ 陈序经. 疍民的研究［M］. 上海：商务印书馆，1946：165－166.
❷ ［明］唐胄.（正德）琼台志［M］. 海口：海南出版社，2006：559.
❸ ［清］张巂，等. 崖州志［M］. 广州：广东人民出版社，1983：34.

主，同时祭祀其他海神。如在五龙神州庙，除了祭祀五龙大王，还祭祀有港口婆、港口伯、妈祖、关帝等。每逢初一、十五，以及疍民出海捕鱼之前，疍民都要特意前去庙中上香祭祀祈祷。疍民的五龙王信仰，是中国传统的龙神信仰的延续。在端午节之际，三亚地区的疍民一般会举行隆重的洗龙水、赛龙舟等活动，这也可以说是疍民龙神信仰的主要形式之一。而"游公"更是三亚疍民五龙王信仰的重要祭祀活动。"游公"分为"神像巡游"和"迎神"两个主要内容，五龙王巡游一般在每年的农历四月初八（或者是端午节的前三天）举行。"'游公'的队伍主要分为两部分：一是以五龙大王为首的神像巡游队伍，二是紧随其后的表演队伍。传统的'游公'是根据五龙组成五个方队，表演各种民俗节目，包括杂耍、戏剧、歌舞等。这些表演队伍都是由当地的村落或社区自行组织，参与人数少则上百人，多则上千人。"[1] 这是民众参与度较高的民间信仰活动。

　　海南疍民的妈祖信仰信俗与其他地区的妈祖信仰没有太大的差别，但是疍民更加把妈祖信仰作为捕鱼作业和日常生活的重要内容之一。疍民不仅在初一、十五都会去妈祖庙上香祭祀，而且渔民每次在出海捕鱼前和捕鱼回来后，都会去妈祖庙祭祀祈祷。如果捕鱼丰收，要买上品去祭祀妈祖，感谢妈祖护佑；如果这次没有捕到足够的鱼，那么则祈祷下次能够获得丰收。

---

[1] 张玲. 从五龙王信仰看三亚疍家人的文化适应选择 [J]. 黑龙江民族丛刊, 2015（6）.

第六章 海南海神信仰与海洋移民

海南岛自古以来就是一个"移民岛",在历史上的各个时期,从中国大陆地区以及周边"诸番"外国,都有移民先后迁徙而来。大量移民进入海南岛,客观上促进了本岛的建设与发展。同时,明清以来,海南岛也有部分居民迫于生计,沿着历史上的"海上丝绸之路"远渡重洋,下到南洋各国谋生。他们逐渐在当地扎下脚跟,并形成较为稳定的华人华侨社区社会。本章将从民间信仰与社会的关系角度,探讨海南海神信仰与移民、移民社会的关系;在移民过程中,海洋神灵信仰也跟随着移民的足迹迁移扎根。

一、概述海南岛历史上的移民潮流

自古以来,来自各地的人们乘船渡海而来海南岛,在这里生活栖居,或种稻养殖,或捕鱼为业,或经商为生,逐渐在海南岛扎下脚跟,并繁衍生息。同时,海南人也有向外迁徙,特别是下南洋谋生者。海南岛作为一个移民岛,不仅接纳着来自各地的移民,而且其岛上居民也因为各种原因而不断向外流出,至今在海外来自海南岛的华人华侨占据着一定的数量。

（一）黎、汉、回、苗等民族迁入海南岛

根据最新统计数据，2016年年末海南全省常住人口达910余万人，其中汉族人口占80%以上，黎族人口约占15%，除这两个占主要人口的民族外还居住着苗族、回族等少数民族。海南岛作为一个相对独立的岛屿，随着社会经济的发展，历朝历代以来都有着人口的迁徙活动。外来移民促进了海南岛经济、社会和文化的发展，人口的迁出活动同时也促进了海南本土文化的向外传播。

关于最先进入海南岛的居民，学术界已经基本形成共识，即认为黎族先民是最早进入和开发海南岛的民族。但是关于黎族先民何时进入海南岛，目前却仍然存在一些争论。有学者指出："距今7000年前，古越人从河姆渡出发，逐步向南移民，在距今6000年前到达台湾，那么在距今5500年，最多是距今5000年前到达海南岛是绝对可能的。"[1] 该种观点认为，至少在距今5000年前，黎族先民即已经渡过琼州海峡，来到海南岛生活栖居。如果该学说成立，那么在三亚落笔洞遗址所发现的1万年前的旧石器时代人类遗址，就很难予以解释。故此，先民们最早进入海南岛和开发海南岛的时间，显然要比距今5000年更为久远。唐玲玲与周伟民合撰的《海南史要览》把海南历史的发端，即最早的海南人大致分为"无陶时期或称前陶时期"和"粗陶时期"，前者以三亚落笔洞人为代表，生活在距今1万年前，"他们还不会制造陶器，仅能以打制的石器从事狩猎和采集器蔬果维持生活，也可能学会了挖掘植物的块茎；但没有种

---

[1] 史式. 探讨黎族历史如何突破时空限制 [C] //海南先民研究：第一辑. 海南省迁琼先民研究会, 2001：78.

第六章 海南海神信仰与海洋移民

植和多余的食物贮藏"❶。根据考古发现，在粗陶时期，海南岛则居住有山冈洞穴人、台地洞穴人、贝丘人以及沙丘人等，这一时期的人类已经有了原始的种植活动，制造和使用工具的能力大大提升，但是由于缺乏考古发掘资料的证实，"人类在这个岛屿上生活了几千年，在季节变换、特别是在风雨雷电中，不知道他们有没有产生出神的观念与崇拜？"❷尽管如此，海南历史文化中黎族人民的烧土陶、石拍树皮布、文身等，都可以视作海南史前文化的孑遗。特别是黎族文身，在秦汉以来的《山海经》《史记》等诸多文献都有明确的记载。黎族作为海南岛的先住民，汉唐以来都有黎族在海南全岛范围内居住的记载，其文身习俗则是"黎族远古自然崇拜、祖先崇拜、图腾崇拜的艺术结晶"❸。

汉族迁入海南岛，在先秦时期即已经开始，汉唐以来，当时的中央政府不断加大对海南岛的统治与管理，除了加派官兵进入海南岛，中原汉族亦多迁徙至包括海南岛在内的岭南地区。

《海南省志·民族志》谓："海南岛回族，主要有三个来源：一是唐宋时期入华经商的波斯、阿拉伯穆斯林蕃客；二是宋元两代从越南占城入居的信仰伊斯兰教的占婆人；三是明代后由闽粤地区移居的回族人。"❹在唐代的时候，随着"海上丝绸之路"连接了中国与阿拉伯地区的海上交通，具有伊斯兰信仰的阿拉伯人通过"海上丝绸之路"往来于中国与阿拉伯地区国家。海南岛作为古代"海上

---

❶ 唐玲玲，周伟民. 海南史要览 [M]. 海口：海南出版社，2008：1.
❷ 唐玲玲，周伟民. 海南史要览 [M]. 海口：海南出版社，2008：8.
❸ 唐玲玲，周伟民. 海南史要览 [M]. 海口：海南出版社，2008：17.
❹ 海南省志·民族志 [M]. 海口：南海出版公司，2006：505.

丝绸之路"的重要中继站和补给港口，阿拉伯人的船只多有停靠海南岛东部沿海港口，其中部分阿拉伯人因病去世后葬于海南岛，也有人在此长期居住下来，成为新的海南人。海南岛的回族居民，也有是从占城人因为逃避战争，乘船渡海迁居而来。正德《琼台志》即载："元初，驸马唆都丞征占城，纳番人降，并其属发海口浦安置，立营籍为南番兵。无老稚，皆月给口粮，三年以优之。立番民所，以番酋麻林为总管，世袭，降给四品印信。元末兵乱，今在无几。其外州者，乃宋元间因挈家驾舟而来，散泊海岸，谓之番纺、番浦，不与土人杂居。其人多蒲、方二姓。"❶ 其中明确记载了占城人或因降、或因避战乱迁徙至海南岛。在琼州府琼山县者，还"立营籍为南番兵"，此外在其他州县的，则是宋元间"挈家驾舟而来，散泊海岸"，海南岛南部的万州、崖州等地沿海均有分布。康熙《万宁志》载："番，本古占城人，元初遭乱，泛舟泊州境海滨，寻迁居城西，曰'番村'。明初，隶于所。与军余同事，多蒲姓，番语。不食猪肉。宰牲，必见血方食。不供祖先。识番书者，为番长。设庙祀番神，朔望诵经，合掌罗拜。每月轮斋。当斋者，涎不下咽，见星月乃食。男子素帛缠头，不饮酒。妇女髻垂后，短衣长裙。以烧灰染菁为生。女将嫁，亲邻往馈贺，以手摸其面，慰之。没，不棺，但以布裹骸，侧身而葬。"❷ 其中所记，即清楚记载来自占城的"番"人与海南岛的汉族、黎族先民习俗大有不同。从其"不食猪肉""不供祖先""设庙祀番神""每月轮斋"等信仰与习俗来看，

---

❶ [明] 唐胄.（正德）琼台志 [M]. 海口：海南出版社，2006：149.
❷ [清] 李琰.（康熙）万州志 [M]. 海口：海南出版社，2004：141.

无疑是海南岛回族的来源之一。

海南苗族迁至海南岛,主要是在明代时期,一部分是瑶族先民自发迁而至;另一部分则是当时广西、广东地区的蓝靛瑶先后多次被征调至海南岛,其后代繁衍生息,逐渐形成为海南苗族。据成书于明天顺五年(1461年)的《大明一统志》之"琼州府"载:"东猊山,载文昌县东一百里。旧传此山居民如猿猊,今不然。其妇纺织步缕吉贝细密、莹白,谓之布笼。"❶明正德《琼台志》亦载:"猊人居文昌东猊山,旧说其人形如猿猊。地多田少,种薯蓣给食。纺缉吉贝,细密莹白。今则皆如平人,但语言稍异。地少,吉贝纺绩为布亦不细密。供税服役,与编民同。"❷综合以上两段引文所述,这说明至晚在明代天顺年间,即有"猊人"迁徙至海南文昌,并落籍"与编民同"。有学者以为"猊"即为"瑶",是海南苗族的先民,"至迟在明代中期以前入居海南"❸。《崖州志》载:"又有一种曰苗黎,凡数百家。常徙于东西黎境,姑偷郎、抱扛之间,性最恭顺。时出城市贸易,从无滋事。盖前明时,剿平罗活、抱由二峒,建乐安营,调广西苗兵防守,号为药弩手。后营汛废,子孙散居山谷,仍以苗名,至今犹善用药弩。辫发衣履,与民人同。"❹据这里所称,海南苗族先民是从广西苗兵而来,后"子孙散居山谷"。

(二)历史上海南岛移民迁入的几次高潮

早在1万年之前的原始社会的旧石器时期,即有海南先民迁入

---

❶ [明]李贤. 大明一统志·琼州府 [M]. 海口:海南出版社,2006:7.
❷ [明]唐胄. (正德)琼台志 [M]. 海口:海南出版社,2006:150-151.
❸ 张朔人. 明代海南文化史 [M]. 北京:社会科学文献出版社,2013:403.
❹ [清]张巂,等. 崖州志 [M]. 广州:广东人民出版社,1983:247.

海南岛。公元前110年，汉代中央政府在海南岛设置儋耳、珠崖等郡，以此标志着中国政府正式管辖治理海南岛的开始。《汉书·地理志》载："自合浦、徐闻南入海，得大州，东西南北方千里，武帝元封元年（前110年）略以为儋耳、珠崖郡。"❶ 自此历朝历代以来，从中国大陆地区源源不断有居民因为各种原因迁徙至海南岛，并且形成了多次移民高潮。

晋代中原战争频仍，中原地区大批汉人南迁至岭南地区，汉人与岭南地区的少数民族交往逐渐密切，中原南迁汉人当有部分继续南下渡海进入海南岛。而这一移民趋势在冼夫人统治岭南地区时期达到高潮。冼夫人是南北朝至隋初岭南俚族首领，南朝梁初年，嫁予高凉太守冯宝。其时"海南儋耳千余峒俚人慕名归附于她。冼请命于朝，梁武帝允准在汉废之儋耳郡地设置崖州，海南与中央政权的直接联系得以恢复"，"从梁大同初年至唐天宝年间约200年，冯冼家族及其子孙为海南地区的实际统治者"❷。冯冼家族统治海南岛时期，增进了海南岛少数民族与汉人的沟通，亦增进了海南岛与大陆地区的往来，形成了大陆地区人民移民海南岛的一次高潮。

唐代开始，海南岛逐渐成为官员流贬之地，如唐高祖第十九子李灵夔、御史中丞李昭德、尚书右丞韦执谊、宰相李德裕等都有被贬海南岛，其中部分人的后代即留住海南岛，如韦执谊、李德裕等其"子孙亦皆在崖（州）"❸。其数量虽然有限，但是影响较大。晚唐时期，迁琼人数增多。而经五代十国，到了宋元时期，形成移民

---

❶ ［汉］班固. 汉书［C］//二十五史中的海南. 海口：海南出版社，2006：8.
❷ 海南百科全书［M］. 北京：中国大百科全书出版社，1999：728.
❸ ［清］张嶲，等. 崖州志［M］. 广州：广东人民出版社，1983：358.

海南岛的第二次高潮。故北宋时期被贬海南儋州的苏东坡亦言："自汉末至五代，中原避乱之人，多家于此。今衣冠礼乐，盖班班然矣。"❶ 由于五代十国至宋代以来，中原地区家族大批向南迁移，致使东南沿海特别是福建地区人稠地狭。"于是，宋元两代大批闽人（实质是大部分流动到闽南的中原人）开始大批向两广沿海地带与海南岛乃至南洋各地移民。……而自闽南沿海各港口（以莆田港为最）乘木帆船从水路直接到达海南的移民，他们多在岛北部至岛东部的澄迈、海口、琼山、文昌至琼海一带登陆。这是宋元代闽南人向海南岛移民的大高潮。"❷ 宋代移民海南岛的群体，大致包括了到海南岛从征戍守的军士、来海南从事商贸活动的商人、流贬海南的官员、因避乱而至的民众以及受朝廷派遣而来的官员等。"宋代入琼的移民群体中，从地域上看，多数是来自福建莆田。做官经商的人，福建籍占绝大多数。从职业上看，多数是文士，或被派往海南任职，或因罪贬谪海南。……无论人员的数量，姓氏的增加，原因的复杂，都远远超过唐代。"❸

明代海南岛移民日益增多，仍然主要是从征戍守的军士、朝廷官员等群体，而到清代，再次达到一个移民高潮。据正德《琼台志》载：洪武二十四年（1391年）琼州府共有68522户，总人口为298030人；永乐十年（1412年）为88606户，总人口为337479人❹。据嘉靖《广东通志》载，嘉靖十一年（1532年）琼州府总共

---

❶ [宋] 苏轼. 苏轼文集 [M]. 长沙：岳麓书社，2000：1290.
❷ 符永光. 海南文化发展概观 [M]. 香港：香港新闻出版社，2001：18－19.
❸ 唐玲玲，周伟民. 海南史要览 [M]. 海口：海南出版社，2008：107－108.
❹ [明] 唐胄. （正德）琼台志 [M]. 海口：海南出版社，2006：220－221.

有 55575 户，260958 人；嘉靖三十一年（1552 年），有 56067 户，人口为 261630 人❶。据此，明代海南岛人口大概在 26 万至 33 万，不超过 40 万人口。据雍正初修《大清一统志》载："原额人丁十万九千三百四十八，又滋生人丁四百八十四。"❷ 乾隆续修《大清一统志》载："原额人丁十一万八千八百四十八，又滋生人丁三千四百八十六。"❸ 嘉庆重修《大清一统志》之"琼州府"载："原额人丁十万九千三百四十八，今滋生男妇大小共一百三十二万四千六十八名口。又屯民男妇共五万九千一百九十三名口。"❹ 这里所统计的"人丁"，是指成年男子。如果以每丁折 4 口人，在清代约 40 万人，较之明代人口数量有一定增长；在乾隆年间，人口约为 49 万人，人口继续增长；至嘉庆年间（1796—1820 年），迅速增长至 138 万余人。清代海南岛人口增加的原因，有学者分析："一是封建社会的生产力有进一步发展，黎峒农耕水平大大提高；二是黎汉两族的交流日益扩大，墟市繁荣，促使生活有长足的改善；三是移民的大量增加；四是开港后对外贸易的发展，使人口流动更加频繁。"❺ 由此可见，岛外移民进入以及贸易发展所致的人口流动，促使海南岛人口大大增加。这一时期可作为海南岛移民的第三次高潮。而民国至今，海南岛人口亦有较大变动和移民的高潮，甚至是在近百年来，海南岛

---

❶ ［明］黄佐.（嘉靖）广东通志·琼州府［M］. 海口：海南出版社，2006：335.
❷ ［清］蒋廷锡，等.（雍正初修）大清一统志·琼州府［M］. 海口：海南出版社，2006：37.
❸ ［清］和珅，等.（乾隆续修）大清一统志·琼州府［M］. 海口：海南出版社，2006：108.
❹ ［清］穆彰阿，等.（嘉庆重修）大清一统志·琼州府［M］. 海口：海南出版社，2006：182.
❺ 唐玲玲，周伟民. 海南史要览［M］. 海口：海南出版社，2008：271.

已经有多次的移民潮流，但是鉴于其与我们所论海南古代海神信仰的变迁与传播的关系不大，在此暂且不表。

二、海南岛移民潮流与海神信仰的传播

人作为文化的主体与中心，人口的流动迁徙，自然推动了文化的传播。海南民间信仰文化的流行与传播亦没有例外。海南岛作为移民之岛，岛外居民的迁徙移入，不仅带来了他们原来的民间信仰信俗文化，而且也促进了文化的融合与交流，外来文化与当地文化结合产生了更具自身特色的信仰文化。同时，海南岛居民的向外流动迁徙，也将海南自身的信仰文化传播至岛外地区。

（一）龙蛇信仰文化与海南岛先民的渊源

龙蛇崇拜是古代南方沿海少数民族部落图腾信仰的显著特征之一。晋代张华《博物志》云："南海外有鲛人，水居如鱼，不废织绩，其眼能泣珠。"❶ 这里的"鲛人"当是对上古时期南方沿海少数民族的泛指；其时，南方人又被称为"蛮"或"蛮夷"，他们以蛇为崇拜图腾，如《说文解字》即云："南蛮，蛇种。"❷ 屈大均《广东新语》则云："南海，龙之都会，古时入水采珠贝者，皆绣身面为龙子，使龙以为己类不吞噬。"❸ 可知，上古时期，南方沿海民族部落，以龙蛇作为自己民族图腾加以崇拜信仰。

---

❶ ［晋］张华. 博物志全译［M］. 祝鸿杰，译注. 贵阳：贵州人民出版社，1992：50.
❷ ［汉］许慎. 说文解字［M］. 北京：中华书局，1963：282.
❸ ［清］屈大均. 广东新语［M］. 北京：中华书局，1985：545.

根据考古发掘出土文化遗物,早在1万年前到3000年前,在海南岛的各地一直都有人类活动。有论者以为:"'三亚人'及后来在海南岛活动的人类应该是黎族的先民。"❶ 其根据主要有两点:一是"在海南发现的新石器时代的石器、陶器文化遗物基本上属于百越中一支骆越人的文化遗存";二是从历史地理学、语言学、地名学、民族学等诸方面来看,"骆越当是黎族先民"❷。而从宗教信仰文化来看,相似的龙蛇图腾崇拜以及其后的龙蛇神信仰文化,也可以作为骆越是海南黎族先民的主要证据之一。关于龙蛇崇拜,司徒尚纪指出,在东南沿海各省、海南等地流传人蛇婚配的故事,"即反映了古越族与蛇崇拜关系";同时,古越人"断发文身"或"披发文身","文身图案中有龙、蛇、龟、蛙等图案,折射出对这些被赋予图腾意义的水中动物崇拜的意义。这些动物图案,至今在海南黎族、广西壮族文身或衣服饰物上仍可找到它们的遗存,说明古越人作为这些少数民族祖先,的确以龙蛇等为本民族图腾崇拜,并且与江河、海洋环境和他们的活动有不解之缘"。❸

(二)伏波将军信仰文化与汉代海南岛移民

"伏波",意谓降服波涛,历代多有被封为"伏波将军"。海南岛的伏波将军崇拜,主要是信奉祭祀汉武帝时的路博德和东汉光武帝时的马援两位伏波将军。邳离侯路博德和新息侯马援均先后征战

---

❶ 王学萍. 源远流长的黎族: 序《黎族史》[C] //吴永章. 黎族史. 广州: 广东人民出版社, 1997: 2.

❷ 王学萍. 源远流长的黎族: 序《黎族史》[C] //吴永章. 黎族史. 广州: 广东人民出版社, 1997: 2-6.

❸ 司徒尚纪. 中国南海海洋文化史[M]. 广州: 广东经济出版社, 2013: 45-48.

第六章 海南海神信仰与海洋移民

岭南、交趾地区，功勋显赫，为民所拥戴和纪念，故各地都有立庙祭祀两位伏波将军。今湖南、广西、广东等地均有伏波庙分布，如湖南株洲伏波庙祀伏波将军马援，广东雷州伏波祠祭祀路博德和马援两位伏波将军。特别是在广西境内，"清代广西自北向南形成了一个以马援为祭祀主神的祭祀圈，其分布范围与马援南征之路线基本吻合，大体上自漓江上源始，沿着漓江、府江进入西江、郁江流域以及南流江、北流江流域，都有密集分布，桂北、桂东、桂东南地区是其主要分布区"。❶ 关于海南岛伏波将军崇拜，需要注意的是：其一，与大陆内陆地区伏波将军崇拜不同，在雷州、海南岛等地的伏波将军信仰，是将伏波将军作为海神来予以崇拜，渡海出行都会祭祀伏波将军以祈求护佑；其二，两位伏波将军虽然都没有亲征海南岛，但是其功勋和英名影响所及，海南岛各地仍然建立许多伏波将军庙，信奉、祭祀两位伏波将军。

正德《琼台志》载："按史，二伏波虽未至琼，然以开郡复县之功，郡人感而祀之，不止斯二祠。"❷ 唐胄在这里认为，两位伏波将军虽然都没有来过海南岛，但因其均有"开郡复县之功"，故此海南岛人民"感而祀之"。北宋苏轼以为："四州之人，以徐闻为咽喉。南北之济者，以伏波为指南，事神其敢不恭！"❸ 琼州海峡两岸渡海者，都会祭祀伏波将军。虽然两位伏波将军有没有登上海南岛存在疑问，但是汉代武帝元封元年（前110年）设置儋耳、珠崖两

---

❶ 滕兰花. 清代广西伏波庙地理分布与伏波祭祀圈探析 [J]. 广西民族学院学报：哲学社会科学版，2006（4）.
❷ [明] 唐胄.（正德）琼台志 [M]. 海口：海南出版社，2006：537.
❸ [宋] 苏轼. 苏轼文集 [M]. 长沙：岳麓书社，2000：1290.

— 157 —

郡，对于促进大陆地区与海南岛的交通联系、推进海南岛建设开发无疑是影响巨大的。

《汉书·贾捐之传》载："初，武帝征南越，元封元年立儋耳、珠崖郡，皆在南方海中洲居，广袤可千里，合十六县，户二万三千余。"❶ 在汉代时期，海南岛仅纳入二郡十六县民户的就有23000多户。有学者指出："这些编户当是秦代以来从大陆迁入的汉人和定居在本岛沿海平原地区的'临高人'先民。"❷ 即是说，这23000多户还不包括居住在海南岛崇山深处的少数民族人口。可见，秦代以来，特别是汉初置郡设县以来，海南岛聚集了一定数量的汉人，这些汉人都是先秦、特别是汉初以来移入海南岛的。正是因为当时已经移入聚居了一定数量的汉人，故此他们能够拥护汉代中央政权的领导和管辖，并且在此之后，立庙祭祀伏波将军，怀念他们的功德功勋。如马逢皋《新建汉两伏波将军庙记》即云：两伏波将军"皆有功琼州，士民岁时崇祀，历千百年不毁者。皆曰，非邠离远伐、新息苦战，焉得收遐荒为一统，变朴野为文明？琼人思慕焚祀，固其宜也"。❸ 因此，汉代以来，海南岛各地的伏波将军庙林立，除了琼州本府，崖州、文昌、临高、澄迈等州、县都有伏波将军庙分布。

（三）妈祖信仰文化与来自闽粤地区移民

就如上文所述，宋元以来，从闽粤地区大量移民进入海南岛，形成海南岛移民的又一次高潮。特别是福建莆田港，是当时前来海

---

❶ [汉] 班固. 汉书 [C] //二十五史中的海南. 海口：海南出版社，2006：9.
❷ 李勃. 汉代海南岛民户初论 [J]. 新东方，2015 (1).
❸ [清] 吴南杰. (康熙) 琼山县志 [M]. 康熙二十六年本. 海口：海南出版社，2006：300.

南岛的重要港口。妈祖又称天妃、天后，本姓林，福建莆田人，故此可以说莆田是妈祖信仰的发祥地。宋元时期，妈祖信仰在中国东南沿海迅速传播开来，这些来自闽粤地区的移民，也将其妈祖信仰文化传播至海南岛。同时，由于在海南岛的福建、广东等地移民的增多，妈祖信仰的群众基础进一步坚实和扩大。明清时期，在海南地方文献所载的众多妈祖庙宇之中，就有许多庙宇明确是来自闽粤地区的移民所建立的。

宋元以来，迁移至海南岛的移民，包括了商人、普通民众等，他们多在海南岛北部的海口、琼山、文昌、澄迈等地的港口登陆，故此在这些地方，特别是港口多建有妈祖庙，以便渡海之前祭祀妈祖，以及随后扩散到这些移民活动的商业墟市、居民聚集的街区等。自元代海南最早建立妈祖庙后，明清之际海南岛的妈祖信奉逐渐达到高潮。现在，仅据现存地方文献所记载的，明清之际海南岛妈祖庙就有50座之多。闽粤等地移民来到海南岛，多在建立会馆的同时，也立庙祀奉妈祖，以此来维持和增强同一地区移民彼此之间的沟通联系。因此，建立会馆、妈祖庙的信息，往往成为这些移民在海南岛活动的重要见证。

海口天妃庙，是海南岛元代所建的四座妈祖庙之一，也是海南岛最早建立的妈祖庙之一。自古海口港就是人们渡海登上海南岛的重要港口，明清以来，天妃庙香火不断，"今渡海来往者，官必告庙行礼，四民必祭卜方行"❶，或谓"迄今官民渡海来往，必告庙虔祀

---

❶ [清] 吴南杰. (康熙) 琼山县志 [M]. 康熙二十六年本. 海口：海南出版社，2006：60.

之,灵异甚著"❶。来自外地的移民和商人不仅祭祀信奉,而且往往还捐资积极参与天妃庙的修复与扩建。《海口市志》即载:"明洪武年间商人谭海清等人捐款建后寝屋三间,筑观音山及塑诸神佛像,相传为苏、福、广、潮、琼五府同建。"❷ 即是说天妃庙的修复与扩建,除了琼州本府民众,另外还有来自其他四个州、府的商人、移民捐资参与。

据民国《儋县志》,儋州县城内两座天后宫,一座在城东门外大街尾,"明万历丁酉(1597年),吏目周行率商人创建",在清初之时是广府会馆;一座在销皮街,在清初为福潮会馆❸。前者天后宫"率商人创建",极有可能是来自广东地区的商人和移民参与创建;至迟在清初(17世纪中叶),来自广东的广州、潮汕地区的商人、移民在儋州经商、生活,并以会馆(妈祖庙)为中心活动。

定安县虽然没有临海港口,但是由于外来移民进入,明清时期也建有天妃庙以祭祀妈祖。据光绪《定安县志》记载,位于定安县内中街的天后庙,乃是明代万历年间"广府南、顺、新三邑商民创建"❹,即明确记载是来自广州府的南海、顺德、新宁三县商人所最初建立。这也与民国《儋县志》所载明万历年间商人参与创建天后宫相合,即明万历年间已经有来自广东广州、潮汕地区的商人、移民在海南岛儋州、定安等州、县经商和生活。

海南岛南部的万州,有着多个优良港口,自古是"海上丝绸之

---

❶ [清]张岳崧.(道光)琼州府志[M].海口:海南出版社,2006:377.
❷ 海口市志[M].北京:方志出版社,2004:1933.
❸ [民国]王国宪.(民国)儋县志[M].海口:海南出版社,2004:247.
❹ [清]吴应廉.(光绪)定安县志[M].海口:海南出版社,2004:188.

路"的重要停靠港口。据道光《万州志》记载,其时万州治内有多座天后庙,其中"一在朝阳街,五邑客建,又一在朝阳街,潮邑客建"❶,即是说朝阳街的这两座天后庙分别为来自五邑(今广东江门)和潮邑(今广东潮州)移民所建。

如上所述,这些来自福建、广东等地的移民、商人,在到达海南岛经商、定居生活后,或是创建妈祖宫庙,或是参与建设、修葺庙宇,对于妈祖信仰在海南的传播起到了重要的促进作用。

三、海南人民"下南洋"与海神信仰的向外传播

作为一个"移民岛",在明清之际,海南岛的移民呈现出新的特征,其中之一就是在仍然维持人口"迁入"的同时,海南岛居民也开始了向外的移民,特别是海南人民的"下南洋"成为一种新的移民趋势。

(一)海南人民的"下南洋"

海南岛作为古代"海上丝绸之路"的重要中转站,其居民也应当在很早就有沿着"丝绸之路"前往海外国家,并且定居当地。《琼海县志》即载:"邑人出洋,始于唐代。其时,从福建漳州、泉州、莆田和广东等地移居于邑境的一部分商人和渔民,因受不起天灾兵祸之苦,再次乘舟划楫,远渡重洋,移居于南洋群岛,为本县

---

❶ [清]杨士锦,吴鸣清.(道光)万州志[M].海口:海南出版社,2004:343.

最早的出国华侨之一。明代,草塘埠一带的渔民,常运载从西沙、南沙群岛捕捞的海鲜品和贝壳到南洋销售,有少数人随船散居于东南亚各地谋生。"❶ 其中所述,有几点值得注意:第一,这里所载海南人出洋的时间应当是比较早的,在唐代的时候就有海南琼海人下到南洋去。第二,其中所论,最先下到南洋者,是来自福建、广东等地的部分商人和渔民。他们本来就掌握了较为先进的造船技术和海上驾船技术,故可以驾船顺利抵达南洋。第三,这里也揭示出海南人下南洋的一个重要原因:天灾兵祸,社会动荡,民不聊生。第四,明代以来,琼海渔民前往西沙、南沙捕鱼,继而去往南洋出售海产品,其中"有少数人随船散居于东南亚各地谋生"。

海南岛作为一个"移民岛",历代都有移民进入。同时,海南也是一个自然灾害较为频发的地方,部分人迫于生计,不得不远渡重洋外出谋生。如明正德《琼台志》即载:"宣德九年(1434年),琼海大饥,死者白骨遍野。"又载:"成化(1465—1487年)初,岭南多灾异,琼州尤甚。大者如地累震,或有声。"❷ 道光《琼州府志》亦载:道光"四年(1824年)四月,星入月宫,郡属旱虫,大饥。自三年(1823年)九月至四年八月,郡属久遭旱灾,蝗虫漫天遍野,所过禾麦一空,饿殍载道,鬻男女渡海者以万计"。❸ 光绪《临高县志》载:"壬寅(1902年)、癸卯(1903年)两年遭大旱,高低田禾并无一粒可收。南方多文、龙波、和舍诸市地方稻堪度活,最可怜者,由城厢出东西北方各四五十里之乡村,饥馑荐臻,饔飧

---

❶ 琼海县志[M].广州:广东科技出版社,1995:696.
❷ [明]唐胄.(正德)琼台志[M].海口:海南出版社,2006:850.
❸ [清]张岳崧.(道光)琼州府志[M].海口:海南出版社,2006:1904.

靡托，卖妻鬻子，离乡谋食。或往别县，或过番邦，寥落村场，尽是荒烟蔓草，抚境莫不击目伤心。"❶ 后两则引文明确记载了因为灾害人们不得不"卖妻鬻子"，并且"渡海""或过番邦"，外出谋生。

到了清朝末年，由于局势动荡和自然灾害频繁，海南人外出谋生的人数有增无减。《文昌县志》即载："据有关资料统计，从1876—1898年的23年间，仅通过客运出洋的琼侨人数就达24.47万人左右，平均每年1万有余，最多的年份竟达2万余人，其中文昌人占半数以上，几乎都是青壮年劳动力。他们多从清澜、铺前乘三桅帆船于冬至前后启程，趁北风之势，随波漂流一个月左右，方抵越、泰、马、星等地。两港每年对开十余艘，每艘乘客百数十人。"❷ 这主要是因为这一时期，东南亚国家作为英国、法国、荷兰等国的殖民地，正在进行垦荒、筑路、开矿等建设开发，亟须大量劳动力。咸丰八年（1858年），清朝廷先后与英、法签订了《天津条约》，海口被辟为对外通商港口。西方诸帝国主义国家在海口设立10余所"招工馆"公开招募华工。海南大量的穷苦劳动力，下南洋谋取生计。"以新加坡为例，1902—1911年，由琼海关出洋人数每年都在万人以上，特别是最后两年竟分别达到2.8万人与3.24万人。泰、越的情况亦类似。此时海口已有洋轮开往曼谷、新加坡各埠，春、夏每月对开二三次不等，每次多则载千余人，少则三四百人以至五六百人，其中也是文昌人居多。"❸

明代以来，海南渔民前往中国的西沙群岛、南沙群岛海域捕捞，

---

❶ [清]桂文炽，汪瑔.（光绪）临高县志[M].海口：海南出版社，2004：82.
❷ 文昌县志[M].北京：方志出版社，2000：491.
❸ 文昌县志[M].北京：方志出版社，2000：491.

他们除了将渔业收获带回海南，另外还有部分渔民将捕获的贝类、鱼类等海产品带到南洋的东南亚国家销售。有部分渔民随船前往，然后散布在东南亚各国谋生。许道岭在《法占海南九岛问题》一文中，引用《广东琼东草塘港渔民申诉法占珊瑚九岛书》云："珊瑚九岛在西沙群岛之东南，吾琼文昌县渔民因生活所迫，于清道光初年到其地从事渔业……嗣有各市、县多数渔民移居其地，建立房屋与'兄弟公庙'多所；但因规模较小，构造不精，年代久远，多数倾圮。"❶海南岛文昌等各市、县渔民不仅在西沙群岛捕鱼作业，还建屋立庙，祀奉"兄弟公"。陈泽宪在《十九世纪盛行的契约华工制》一文中，自述自己"曾见到一张同知乙丑（1865年）年海南潭门港邓有吉、曾圣姐等四十二人出海去西沙捕捞海螺，在叻埠（新加坡）过冬的公凭"，"海南岛东岸清澜、潭门诸港的船户和渔民每年出海去南洋各地捕鱼经商时常用这种方式"❷。

海南文昌渔民蒙全洲亦口述他的祖父"从年轻时起约在清嘉庆年间（1796—1820年），就由同村老渔民带到西沙、南沙群岛去捕鱼"；他的父亲"从十几岁开始〔约在清咸丰年间（1851—1861年）〕，直到年老为止，每年都去西沙、南沙群岛打鱼过活"；他自己"十五岁（1898年）到西沙群岛去捕鱼"，"十六七岁（1901年）就跟父亲到南沙群岛去捕鱼"，他们"在南沙捞的公螺都运到新加坡去卖，海龟干、鸟干、白海参、黑海参运回海南，赤海参、红海参则运到新加坡去，新加坡需要的是红海参"❸。海南渔民前往西沙、

---

❶ 韩振华. 我国南海诸岛史料汇编［M］. 北京：东方出版社，1988：166.
❷ 陈泽宪. 十九世纪盛行的契约华工制［J］. 历史研究，1963（1）.
❸ 韩振华. 我国南海诸岛史料汇编［M］. 北京：东方出版社，1988：403-409.

南沙群岛捕鱼，船主与渔民类似于雇主与雇工的关系，有的还立有"公凭"。他们下到南洋，船主售卖公螺、红海参等海产品，船主营利丰厚的，就可以在南洋国家扩大经营，成为成功的商人；有的渔民或其他船员，也可能留在南洋各地，继续以出卖自己的劳动力为生。

(二)"下南洋"与海南海神信仰在海外传播

海南的商人、渔民、普通民众等，或是为发家致富，或是迫于最基本的生计，纷纷下到南洋地区，以及前往世界各地的异国他乡谋生。海南人下南洋、出国谋生以青壮年男性劳动力为主，"琼侨以往有一不合情理的禁例，即不准'海南婆'(妇女)出洋。后因明达侨贤极力反对，方渐渐解除"❶。海南人下南洋来到异国他乡，往往是"抛却家室，孤家寡人"，在精神上往往需要更多的寄托与慰藉。故此，他们往往在海外一地稍稍稳定，就会与海南同胞建立琼州会馆和立庙祀奉海南本土的神灵。海南的海神信仰文化随着向海外移民的潮流传播至世界各地。海外的琼籍华人华侨的民间信仰文化，以信奉妈祖、水尾圣娘、108兄弟公等神灵为主。海外妈祖信仰在本书第四章"古代海上丝绸之路与海南妈祖信仰在海外的传播"一节有所论及，在此暂且从略，下文简要论述海外的水尾圣娘信仰和108兄弟公信仰。

水尾圣娘信仰当是发源于海南文昌。据乾隆《琼州府志》："水尾庙，在清澜，祀南天夫人。明正德间，有石炉飞来水尾，因建庙焉。"❷ 水尾圣娘又称"南天夫人"，是为电神，也是海南渔民的海

---

❶ 文昌县志 [M]. 北京：方志出版社，2000：491.
❷ [清] 陈景埙. (乾隆) 琼州府志 [M]. 海口：海南出版社，2006：269.

洋护佑之神。水尾圣娘不仅在海南本地人中影响很大，如今甚至"在国外，凡是有海南人的地方，必有水尾圣娘，水尾圣娘被奉为海南人的'乡土神'，被渔民视为'守护神'，在某些地方其地位不亚于天后娘娘（妈祖）"❶。如在泰国，早在清道光二十一年（1841年），琼籍华人华侨即筹资创建三清水尾圣娘庙，之后数次集资修葺扩建，至今香火仍旺盛。"而今泰国 73 府，凡有琼侨的县、市必有水尾圣娘庙，且成为琼侨聚集的场所，也成为弘扬和扩展海南乡土文化和传统美德的中心，据统计，泰国有 283 个水尾圣娘庙。"❷

108 兄弟公信仰在海外琼籍华人华侨中同样是影响巨大，在新加坡、泰国、马来西亚等各地华人集中聚居地区都建有祀奉 108 兄弟公的庙宇，一般称之为昭应庙、昭应祠或孤魂庙等。如在泰国，祀奉 108 兄弟比较有名的庙宇有："挽叻昭应庙（清朝同治辛未年即 1871 年建立，为泰国海南会馆所属三大神庙之一）、洛坤府朗披汶昭应祠（清朝光绪乙未年即 1895 年建立）、罗坤它派区慈应堂（主祀 108 兄弟，也奉祀观音、水尾圣娘等）、泰国北大年昭应祠、龙仔厝昭应祠等。"❸ 此外，也有将 108 兄弟公袝祀于天后宫（妈祖庙）或水尾圣娘庙。关于 108 兄弟公信仰的来源说法颇多，海南渔民一般以为 108 兄弟公是在南海航行、捕鱼时不幸罹难的渔民兄弟的英灵；而海外华人华侨则更加相信 108 兄弟公是在海外异国他乡被人谋害致死，化而成为神灵，能够护佑海外的华夏子孙❹。

---

❶ 詹贤武. 海南民间禁忌文化 [M]. 海口：海南出版社，2008：288.
❷ 文昌县志 [M]. 北京：方志出版社，2000：499.
❸ 石沧金. 马来西亚海南籍华人的民间信仰考察 [J]. 世界宗教研究，2014（2）.
❹ [民国] 李钟岳，等.（民国）文昌县志 [M]. 海口：海南出版社，2003：129.

第七章 余论：海南海神信仰与建设和谐社会

海南海神信仰的形成与海南历史发展和构成息息相关，在漫长的历史发展过程中，海南海神信仰迎合了个人和群体的精神心理需求，发挥了其特有的宗教社会功能，帮助了沿海居民社会的构建和维系，使社会和谐有序地发展，也使个人、家族、社会拥有了凝聚力和价值核心。我们必须承认，在新时期海神信仰仍然具有积极的社会与文化功能，对于社会主义和谐社会建设具有积极的推动和促进作用。

一、促进社会和谐与团结稳定

海南民间社会的海神信仰活动，在新时期建构社会主义和谐社会过程中仍然具有积极的促进作用。

首先，海南海神信仰的诸神，作为一个地区共同信仰的神灵，是大家普遍认同和崇拜的精神偶像。共同的海神信仰成为社会身份认同的重要标志。在海南岛许多沿海地区的渔民，至今对于海神崇拜并没有减弱，他们反而通过定期的祭祀活动，以及日常生活中的海神信仰活动，进一步固化了身份认同。

其次，诸如妈祖、水尾圣娘等海神信仰文化，包括了仁爱、包容、锄强扶弱等文化因素，这些因素在现代社会仍然具有积极的作用。如包容，进入现代开放性社会，不同文化的碰撞与交流也必然增强，促进文化理解、交流与包容，可以有效地消除隔阂，增进社会团结。特别是海南作为多民族地区，以海神信仰为精神纽带，可以减少民间社会、特别是基层社会人们的摩擦，维护社会安定团结与和谐稳定。

最后，社会和谐自然包括了社会个体的和谐。长期以来所形成的海神信仰文化在许多民众心中根深蒂固，海神信仰成为他们化解世间苦恼和获得心灵宁静的重要途径。如在海南的许多农村以及城市社区，一些上了一定年纪的人们对于海神信仰有着较为深厚的崇拜。海神信仰也成为他们化解邻里矛盾、祈求家庭和睦平安等的重要方式。

二、推动文化传承创新和旅游经济发展

海神信仰文化是海南历史传统文化的重要组成部分，切实保护好海神信仰文化是我们继承和发扬中华优秀传统文化义不容辞的重要责任。

海神信仰文化承载了丰富的海南历史传统文化遗产。如海口多处天后宫（天妃庙）被列入文物保护单位，海口的"天后祀奉"和琼海的"祭祀兄弟公出海仪式"也都被列入省级非物质文化遗产代表性项目名录，前者还作为"妈祖祭典"的组成部分入选第四批国

家级非物质文化遗产代表性项目名录扩展项目名录。而其中祭祀兄弟公出海仪式被认为是具有历史价值、风俗文化价值、社会价值和海洋文化价值等多重价值❶。保护好海南海神信仰文化，是推动海南文化传承与创新的必要举措。

众所周知，文化是旅游的灵魂，旅游是文化的载体。海神信仰文化作为具有鲜明的自身特色的海南本土文化，是以文化为灵魂促进旅游发展的重要内容。海南国际旅游岛建设作为国家战略，其旅游发展离不开文化的支撑，而海南特色文化，包括海洋信仰文化，正是推进旅游发展的重要支撑点。海南旅游发展必须要挖掘和利用丰富的海南海神信仰文化，树立海神信仰文化品牌，开发宗教文化旅游线路。如近年来，海口假日海滩连续五年在农历二月初二"龙抬头"举办祭海大典。2015年的祭海大典以"感恩海洋、保护海洋"为主题，包括了仪仗巡游、祭海典礼等环节，旨在传承和展示海南岛西海岸渔家民俗文化，呼吁市民、游客崇敬祖先，感恩海洋，保护自然环境和我们的家园❷。这一活动将传统的海神信仰民俗与塑造新型旅游文化相结合，广泛地吸引游客互动参与，既宣传了海南民间信俗文化，又丰富了景区景点的文化内涵。

三、增进国际文化交流与维护国家统一

海南海神信仰，诸如妈祖信仰、水尾圣娘信仰、108兄弟公信仰

---

❶ 海南省非物质文化遗产保护中心. 海南省非物质文化遗产概览[M]. 海口：南方出版社，2013：254.

❷ 许春媚，宋瑞国. 海口假日海滩举办祭海大典[N]. 海南日报，2015-03-19.

等，都已经成为国际性的民间宗教信仰形式，在东南亚各国，有海南人的地方都不难看到这样的海洋信仰文化。因为由于长期以来海南人不断越海重洋前往世界各地谋生，到如今不仅已经在当地落地生根，而且将海南的海神信仰文化也带到当地。所以俗语说，世界各地只要有海南人的地方就有妈祖信仰、就有水尾圣娘信仰。共同的信仰文化成为与祖国、与海南同胞沟通、维系的精神纽带。因此，近几十年，海南各地在逐步进行的重修海神庙宇、恢复海神信仰的活动过程中，也有许多海外华侨归琼参与其中。

所以说，切实保护海南海神信仰文化，是以海神信仰文化为精神纽带，促进海外华侨文化认同，增强国际文化交流的重要途径。通过开展诸如大型的公开祭祀活动，切实加强海神信仰文化文物保护等海神信仰文化活动，广泛吸引在世界各地的海南人前来参加，增进其对于中华传统文化的认同。同时，还可以通过华人华侨，以海神信仰文化为载体，更为广泛地传播中华传统文化，为中华民族传统优秀文化的传承与发展开辟新的途径。

此外，台湾岛与海南岛一样，与祖国大陆在血缘与文化上都是同根同源，就如有学者所指出的："海南黎族与台湾原住民族都是古越族后裔。"[1] 在信仰文化上，其中就包括了妈祖信仰在宝岛台湾和海南岛都有着深厚的群众基础，妈祖信仰是海峡两岸中华儿女共同的民间信仰之一。包括妈祖信仰在内的海南海神信仰文化，是海峡两岸共同的文化遗产，因此，加大对海神信仰文化的保护，可以传承和延续共同的文化渊源，有助于维护国家统一。

---

[1] 司徒尚纪，许桂灵. 海南黎族与台湾原住民族都是古越族后裔［J］. 寻根，2004（2）.

主要参考文献

[1] 屈大均. 广东新语[M]. 北京：中华书局，1985.

[2] 韩振华. 我国南海诸岛史料汇编[M]. 北京：东方出版社，1988.

[3] 王象之. 舆地纪胜[M]. 影印本. 北京：中华书局，1992.

[4] 曲金良. 海洋文化概论[M]. 青岛：青岛海洋大学出版社，1999.

[5] 孙尚扬. 宗教社会学[M]. 北京：北京大学出版社，2001.

[6] 史图博. 海南岛民族志[M]. 王学萍，编. 北京：中国科学院广东民族研究所，内部参考资料，2001.

[7] 海南地方志丛刊（47种68册）[M]. 海口：海南出版社，2004—2006.

[8] 罗春荣. 妈祖文化研究[M]. 天津：天津古籍出版社，2006.

[9] 王荣国. 海洋神灵：中国海神信仰与社会经济[M]. 南昌：江西高校出版社，2007.

[10] 陈智勇. 海南海洋文化[M]. 海口：南方出版社，2008.

[11] 詹贤武. 海南民间禁忌文化[M]. 海口：海南出版社，2008.

[12] 焦勇勤，孙海兰. 海南民俗概说[M]. 海口：海南出版社，2008.

[13] 郝思德. 南海文物[M]. 海口：南方出版社，2008.

[14] 司徒尚纪. 中国南海海洋文化[M]. 广州：中山大学出版社，2009.

[15] 马新，等. 中国古代民间信仰[M]. 上海：上海人民出版社，2012.

[16] 詹贤武，等. 南海民俗[M]. 桂林：广西师范大学出版社，2011.

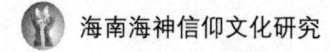

［17］姜永仁，傅增有，等. 东南亚宗教与社会［M］. 北京：国际文化出版公司，2012.

［18］路遥，等. 中国民间信仰研究述评［M］. 上海：上海人民出版社，2012.

［19］司徒尚纪. 中国南海海洋文化史［M］. 广州：广东经济出版社，2013.

［20］张朔人. 明代海南文化研究［M］. 北京：社会科学文献出版社，2013.

［21］张祝平. 中国民间信仰的当代变迁与社会适应研究［M］. 北京：中国社会科学出版社，2014.

附录1 民间信仰文化的保护与开发

——以海南冼夫人崇拜为例

文化建设是发展现代旅游的灵魂,也是加快推进海南国际旅游岛建设的关键。地方民间信仰承续着上千年的文化传统与积淀,是海南历史与文化不可分割的重要部分。因此,在建设国际旅游岛的背景下,海南民间信仰文化的保护与开发迎来新的契机,其民间信仰文化也必将绽放出新的生命力。

一、海南冼夫人崇拜概述

虽然在历史上冼夫人到底有没有亲自来到过海南岛,历史学界仍然存在争议,但是遍布海南全岛、特别是远离汉文化中心的中部山区黎峒地区也不例外地存在对于冼夫人的崇拜,这足以说明冼夫人对于海南经济社会发展历程的显著影响。冼夫人在政治、军事、经济社会上对于海南历史发展的积极推动作用,也诠释了海南人民崇拜敬仰冼夫人的根本原因。

冼夫人生活在我国南北朝的齐、梁以及隋朝三代期间,享年八十有余。据《北史》《隋书》等史书记载,她是"高凉人",但其故里在今天的什么地方,目前仍存在有电白说、高州说、茂名说和阳江说等诸说[1]。综合相关研究,我们认为光绪《高州府志》卷九所言:"电白县山兜娘娘庙在丁村,即谯国夫人故里"之说较为可信;谭应祥《冼夫人年谱》所载冼夫人"仁寿二年寿终,葬于山兜之原"亦可作为佐证。梁朝大同初年,冯融任罗州刺史,为了借重当地冼姓旺族,他特意将当时已经表现出政治才干、深孚众望的冼夫人聘为儿子冯宝之妻。冯冼联姻,也使得冼夫人的才干得到了充分发挥的平台,建立了一系列利国利民的功勋伟绩,获得了当地百姓的普遍欢迎,也得到了中央政权的认可。冼夫人死后,随即被赠谥为"诚敬夫人",当地百姓也立庙祭祀纪念。

冼夫人崇拜可谓源远流长,早在冼夫人逝世不久,其后代及家乡人民为了缅怀冼夫人,为其立庙祭祀。一千多年以来,人们出于对冼夫人的崇拜与敬仰,在各处修建庙宇祠堂,以作奉祀。由于冼夫人对于海南的巨大影响,海南人民对冼夫人也有着特殊的崇敬之情。据史志记载,早在唐代的时候就有祭祀冼夫人的庙宇。据《儋州志》载,儋州宁济庙"自唐末已立庙"。现存的宁济庙为1920年以来重建,1923年修复中进及头门,1924年重修正殿,1929年重建前堂,1988年重修了正殿。

海南冼夫人崇拜,据可考文字以及建筑遗迹、遗址,绵延已近千年。其间祭祀崇拜冼夫人的庙宇虽然几经损毁,但是各地又不断重建修葺,至今也保持了一定的规模,各地的"闹军坡"更是依稀

---

[1] 黄君萍. 关于冼夫人若干问题的考察 [J]. 广东民族学院学报:哲学社会科学版, 1984 (1).

可见当年冼夫人检阅军队的遗风。进入近、现代，冼夫人崇拜作为海南的一种民间信仰，一度被视为"封建迷信"的毒草，遭受限制和破坏。"五四"运动以来，破除封建迷信成为社会之大趋势，当时海南的经济社会发展较为落后，其浓厚的民间信仰之风自然是被视为阻碍海南发展的障碍。特别是在"文革"期间，民间信仰的遭遇更加窘迫。据相关记载，海南的一些冼夫人庙及其文物在"文革"期间被付之一炬，仅存废址。而在改革开放之后，随着科学观念的深刻转变以及相关研究的深入，人们对待民间信仰的态度也逐渐回归常态，不再仅仅是以鄙弃的眼光观之。三十余年来，许多的冼夫人庙得到了较好的重建、修复，"闹军坡"活动得到恢复发展，对冼夫人的评价也较高，相关的研究不断深入。

据统计，海南各地现存或者是在历史上有文字可考的冼夫人庙达五十多座，但是不排除在历史上还有一些规模较小的冼夫人庙没有载入史册和地方志书。同时，由于民间信仰的崇拜对象一般较为复杂，经常在一个庙宇中祭祀多位神灵，如海口的林公庙、三圣庙、灵山庙等，都是将冼夫人作为众神之一来进行崇拜。如此一来，海南民间的冼夫人崇拜规模也将比统计的要更大些。不仅如此，海南冼夫人崇拜的"物证"还包括了流传至今的民间故事、历史遗迹等。据传说，冼夫人当初来到海口新坡，仅用一支"令"旗，就为当地人民解决了不少的疑难问题，复制和使用冼夫人的"令"旗，不但可以驱鬼、求子，而且可以"财源广进"，可以说是有求必应。时至今日，每当举行"闹军坡"活动，人人都会制作和举着冼夫人流传下来的"令"旗，以求福祉。

海南各地的"闹军坡"活动既是崇拜、祭祀冼夫人的民间信仰仪式，同时也是一种民间的节庆活动，以此缅怀冼夫人对海南所作出的杰出贡献。改革开放以来，在当地政府的科学引导之下，"闹军坡"规模逐渐恢复和扩大，1981年新坡镇的"闹军坡"活动参加、观摩人数达到15万人之盛❶。2002年3月，在冼夫人逝世1400周年之际，当时的琼山市新坡镇（今属海口市）举办了"2002年中国民间艺术游海南冼夫人文化节"，将原本民间自发的、历史悠久的"闹军坡"活动办成了一项政府指导、目的明确、富有文化意蕴的旅游节庆活动。"闹军坡"现已转变为"海南冼夫人文化节"，至今已经举办了九届，影响日盛。

二、民间信仰文化的保护

包括冼夫人崇拜在内，海南民间信仰在新中国成立之后，特别是改革开放以来，在一定程度上得到恢复和发展，民间信仰文化得到不同程度的保护，但是仍然没有改变民间信仰的空间日益逼仄，民间信仰文化面临失传的窘境。进入21世纪以来，经济社会文化现代化的视角日益开阔，宗教信仰的合法性已经确立起来，民间文化的多样性也逐步列入政府着力保护的范围。我们现以冼夫人崇拜为例，探讨加大对海南民间信仰及其文化的保护必须尽快采取的一些基本措施。

（一）转变观念，正确认识民间信仰文化

民间信仰作为一种社会意识形态，其本身也面临着怎么看的问

---

❶ 陈雄.冼夫人在海南［M］.广州：中山大学出版社，1992：61.

题，我们对于民间信仰持有什么样的观念和态度，在某种程度上决定了海南民间信仰的前途命运。在近、现代以来的较长一段时期内，民间信仰被当作封建社会制度下的"毒草""毒瘤"，必须予以铲除的。由此，导致了许多的民间信仰活动被迫停止，许多的庙宇建筑、神像雕塑和古代碑石等被付之一炬或者被捣毁。如此决然的行为虽然没有完全扼制民间信仰行为和内在需求，但是文化承续、文物遗存却被割裂和破坏。

然而，随着全面贯彻改革开放政策，真正解放思想，坚持科学发展，我们不得不承认民间信仰之所以在我国历史传统中绵延数千年，有着其内在的合理性，不可否认的是它也有着一些消极因素，但是它的积极作用也是有目共睹、影响深远的。如冼夫人对于海南的政治、军事、经济、社会、文化等诸多方面做出了积极贡献，在维护国家统一、加强民族团结、推动经济文化发展等方面都具有深远的影响，我们后人缅怀、纪念和崇拜冼夫人，具有明显的社会积极效果。并且通过一系列带有地域特色的文化活动，增强了人民之间的凝聚力，扩大了地域文化的影响，拉动了经济的发展。

因此，对于民间信仰，我们应该具有一种"现实的同情情怀"，绝不可以将那些历史文化意蕴的民间信仰行为、民间信仰文化斥为"糟粕"而加以遗弃，而是应该充分认识其社会积极功能和文化价值、经济价值。其实，随着研究的深入，民间信仰也越来越受到较多的关注与合理的评价。海南作为我国少数民族人口较多（有一百多万人口）省份，许多的文化遗产正是依托民间信仰而得以流传至今，我们更加应该精心呵护，将之完整地传承下去。

（二）政府引导，逐步规范民间信仰行为

我们肯定民间信仰的积极作用，并不是意味着所有的民间信仰行为都应该大加鼓励，任其无节制地发展，也不意味着可以打着"民间信仰"的旗号肆意敛财或者是铺张浪费。政府应该发挥积极的引导作用，全面保护合法的民间信仰行为，既要合理改善不利于人民的生命财产安全的信仰仪式，又要坚决打击借"民间信仰"旗号行违法之事的行为。对此，原琼山县（今属海口市）对于新坡镇冼夫人纪念馆的创办和管理，也是采取"引导、改造、开发"的六字方针，突出政府在民间信仰及其文化开发中的职能。

政府的引导首要体现在对民间信仰的行为进行合理改善，促使其朝着有利于人民、有利于社会的方向发展。毋庸置疑，民间信仰由于是在科学技术欠发达的历史情境中产生，许多信仰行为乃是人类的自身问题无法得到有效解决的权宜之计。在科学技术高度发展今天，许多问题已经得到了有效的解决，由此而导致个别民间信仰的实用价值已经逐渐减弱。例如，在现代医学较为发达的今天，仍然依靠巫术祛除疠鬼显然已经是不合时宜。尽管如此，由于交通阻隔、信息闭塞以及经济发展不平衡的因素，在海南的农村山区，由于经济不宽裕，或者是主观上信赖民间巫术，有病的时候请人"作法"，因而导致延误病人治疗的事例仍然时有发生。在这些事例中，经济落后是根本原因，信仰依赖是主观因素，而政府的社会医疗保障体系对于民间信仰的引导宣传也不同程度地应该负有责任。政府对于民间信仰的引导，首先应该让民众辨别其中的是非真伪，使民间信仰朝着有利于社会民众的方向发展。在纪念冼夫人的"闹军坡"

活动中,来自冼夫人的"令"旗现在就仅仅具有仪式的作用,而并没有驱鬼求子、财源广进的现实功能。

(三)社会参与,筹措资金开展文化保护

民间信仰及其文化的现实危机,在很大程度上来说有着经济方面的原因,由于没有相关投入的支撑,庙宇建筑没有得到及时修复,以致年复一年日渐衰败;其文化载体也慢慢地消失。在现实中,改革开放以来,海南形成了一个"冼夫人崇拜"的小高潮,其中有不少华侨捐助资金修建冼夫人庙。根据《冼夫人在海南》一书记载,就有海口新坡梁沙婆庙、三江冼夫人纪念堂、调塘三图刘冼圣娘庙、三江三圣宫等数座冼夫人庙在修复、修建过程中得到不少华侨的捐助。

政府自然不可能来加入民间信仰的行列中来,民间信仰只是民间自主行为。但是在民间文化的保护上,政府有着不可推卸的责任。特别是我国开展"非物质文化遗产"的保护以来,列入保护名录的项目,都不同程度地得到政府的支持与保护。在海南,我们在上文也有列举了数项与民间信仰文化有关的"非物质文化遗产"项目。显然,随着保护行动的全面推进,应该有更多的民间信仰文化被纳入保护名录,毕竟民间信仰文化作为海南文化遗产的不可分割之部分,必须得到妥善保护。如将具有一定规模和文物价值的冼夫人庙列为各级政府文物保护单位,加大对"冼夫人文化节"的引导等。

但是,民间信仰盛行在民间,是人民一种自主自发的信仰行为,更多地应依靠社会力量,完善民间信仰及其文化的保护,这是从根本上解决问题的方法。吸引社会资金力量进入民间信仰文化建设,要把其社会效益放在首位，而不是一味地去追求利润的市场行为。在传统宗教活动场所的建设过程中，南山寺、玉蟾宫等的建设，通过社会化的运营，不但解决了建设资金来源问题，而且提升了其整体的社会知名度，取得了很好的社会效益，成为海南著名的宗教活动场所和旅游景区，而受到广大信众和游客的欢迎。民间信仰的活动场所也可以借鉴南山寺和玉蟾宫的建设利用模式，以利于社会和民众。

信众的捐助是民间信仰文化保护的一个重要来源。捐助者怀有虔诚的信仰崇拜之心，其无私捐助行为不但可以在社会上倡导一种乐于从善之心，而且也切实改善了民间信仰的现实发展困境。在这一方面，应该建立起更好的管理制度，引导建立民间监督管理组织，既让捐款使用于正确途径，又能够形成良好的社会风气，吸引更多的捐助。

（四）健全法制，完善民间信仰保护机制

我国《宪法》明确规定："公民有宗教信仰自由"，"国家保护正常的宗教活动"。这里所指的宗教信仰自由，主要还是对于法律法规已经明确规定了的基督教、佛教、天主教、伊斯兰教和道教"五大宗教"，并且这些宗教开展活动的宗教场所都需要到宗教管理部门登记，以此取得合法保护。但是由于民间信仰在法律地位上并没有明确定位，不但这些庙、庵、宫不能称作合法宗教场所，而且对于其保护措施也没有能够到位。民间信仰的法律地位欠明确，这也是造成目前关于我国宗教信仰者数据难以统一和无法统计的根本原因。当然在客观上，如果把信仰民间宗教的行为也作为宗教信仰者，这将是一个庞大的数据。

撒开民间信仰法律地位的问题，民间信仰文化的保护却是需要法律更为明确的规定。虽然冼夫人崇拜等一些民间信仰的庙宇已经列入各级政府的文物保护单位，但是留存于广大农村的这些民间建筑，却没有得到妥善的保护。由于政府的保护资金和管理精力有限，无法全面顾及那些"即将成为文物"的"民间文物"。但是在机制上应该建立起政府指导，落实为村（居）委会以及居民负责保护的机制。即可以把庙、庵、宫及其财产作为集体财产，进行全面保护。

民间信仰活动、仪式也面临着相同的困境。除了几个较大"闹军坡"活动由政府引导之外，很多的活动都是"自发的"和"失范的"。"自发的"是指其由村民、居民自发组织，"失范的"是指它们一般没有监督管理，很可能成为个别人敛财的工具。因此，在开展民间信仰活动过程中，也应该受到政府的引导和监督，使这些信仰仪式与活动进一步规范。并且要将"冼夫人崇拜"的积极作用与意义体现在活动之中，把它作为凝聚民心、加强民族团结和维护社会安定的一种重要途径。

三、民间信仰文化的开发

将所有的民间信仰文物送进博物馆，显然并不现实，也不是最好的保护途径。在保护过程中开发，在开发过程中实现保护，则是海南民间信仰文化保护必须选择的途径。因此，对于海南民间信仰文化保护途径的探讨，其另一方面是如何来开发其文化，以实现更好的保护。兹仍然以"冼夫人崇拜"为例，探讨海南民间信仰的文化开发。

(一) 深入研究，打造"海南冼夫人文化"

深入研究与全面了解冼夫人以及冼夫人文化是对其进行文化开发的前提和基础。海南虽然早在2002年便提出了"冼夫人文化"的概念，将"军坡节"更名为"海南冼夫人文化节"，但是如果仍然对"冼夫人文化"的研究和了解是一知半解式的，显然将阻碍其开发的深入推进。

一是要继续收集和整理与冼夫人相关的文物。据目前的现实情况，切实与冼夫人联系起来的文物还是比较零散，冼夫人庙址分布也是比较分散。儋州的宁济庙作为海南最早的冼夫人庙，许多的历史遗迹价值非常高；而海口的梁沙婆庙是目前海南最大的冼夫人庙，其"军坡节"活动最引人瞩目。所以可以将两地冼夫人庙作为比较集中的"冼夫人文物展览馆"，全面收集与冼夫人相关的历史文物，等待条件成熟之后，还可以建设"冼夫人文化博物馆"，以全面展示"海南冼夫人文化"。

二是要深入开展对冼夫人的研究，推出相关的研究成果和文学艺术作品。2005年12月，"海南省冼夫人研究会"成立；2008年5月，"海口市冼夫人文化学会"成立。这些研究性质的学术团体的成立，为集体开展研究、形成研究团队奠定了一定基础。冼夫人研究应该在此基础之上，继续鼓励有关冼夫人的研究和创作。如通过举办理论研讨会和开展有奖征文等形式，鼓励社会各界加入到冼夫人研究之中来。同时，冼夫人研究还应该放宽眼界，应加强与广东电白、高州、茂名等地的联系。因为毕竟广东作为冼夫人的故里，她在广东的活动时间更长，相关历史遗迹更多，研究也更加全面深入。

(二) 文化支撑，带动旅游业全面发展

对冼夫人崇拜的文化开发，一个重要载体就是旅游业的开发，以此促进当地经济社会的发展。但是旅游业发展的一个关键因素就是文化支撑。对冼夫人文化进行深入开发，自然也得由冼夫人文化承担起旅游的文化支撑来。

一是要增加民间信仰旅游的文化含量。2009年年底，海南国际旅游岛建设上升为国家战略。建设国际旅游岛，恐怕还不仅仅是风光游览，海南的本土文化也将在其中扮演重要角色。一部分冼夫人庙已经具备了旅游景点的基本要素，但是仅仅以现存的庙宇建筑很难吸引游客，关键是要增加其中的文化因素，并加入庙宇建筑的修复力度和资金投入。如在一些重要的冼夫人庙建立展览室，展出与冼夫人相关的文物、文献，极力突出冼夫人对于海南的巨大历史贡献，增进游客对冼夫人的了解。

二是借"冼夫人文化节"树立文化旅游品牌。"军坡节"在海南具有悠久的历史，"海南冼夫人文化节"已连续举办九届，其社会影响越来越大，知名度和关注度越来越高。这是推介海南、树立海南文化旅游品牌的绝好契机。以"冼夫人文化节"为主要平台，农产品推介、经济贸易交流等也同时顺势推出，带动了其他产业的全面发展。

(三) 产业开发，促使信仰文化市场化

民间信仰中的许多因素都可以作为旅游开发的基础，如民间信仰的建筑、遗址遗迹都可供旅游景点开发，民间信仰的节庆、仪式可以作为休闲旅游开发，而且各具特色的民间信仰本身的神秘性也对于旅游开发具有极大的吸引力和促进作用。海南冼夫人崇拜也具备了这几种综合性的因素，为旅游产业开发提供了良好的基础。而为了更好地进行全面开发，则有待于建立文化产业公司，实现产业化开发，对各种有利因素进行全面综合利用，促使民间信仰文化的市场化。

一是以现有的冼夫人庙为基础，适当扩大其作为景点景区的规模。因为目前各地的冼夫人庙都规模较小，对游客的吸引力也不大。如果有条件进行旅游业的开发，应该对冼夫人自身的基础设施以及周边的设施进行较大的改造，使其符合景区景点的要求。如在新坡镇的梁沙婆庙，它作为每年"海南冼夫人文化节"的主要场所之一，其停车场、公共厕所等基础设施必须进行较大改造才能切实符合旅游接待的需要。这些基础设施改造仅仅依靠政府的投入，资金比较有限，如果交由公司操作，更具有可行性。

二是增加"冼夫人文化节"的互动性，以此发展特色休闲旅游。目前的"冼夫人文化节"，其主要盈利模式还是停留在单一的门票收入，这与其日益高涨的人气是不相适应的。通过产业化运作，可以开发出依托文化节的其他旅游产品，如在文化节期间推出的特色饮食、带有民间信仰因素的工艺品等。我国许多地方的"庙会"，正是以民间信仰纪念日为契机，发展为休闲娱乐的旅游节庆。

（本文原载《广西社会主义学院学报》2013年第1期）

附录2　海南省宗教旅游资源开发现状分析及对策

近年来，旅游产业俨然成为各个国家和地区可持续发展的重要途径，而宗教旅游则成为旅游产业中的重要内容之一。海南省拥有着丰富的宗教文化资源，随着国际旅游岛的建设，宗教旅游发展迅速，吸引了大批中外游客，对当地经济和社会发展都有着不可忽视的影响。

一、海南省宗教旅游资源概况

海南省虽然地处中国南端，与大陆一海之隔，但是五大宗教俱全，民间信仰文化丰富，历史悠久，而且因其特殊地理和自然生态优势，部分海南宗教资源别具特色，引人向往。

首先，海南的佛教旅游资源较其他宗教而言，较为丰富。海南目前有合法登记的佛教宗教场所20所，分布在海口、三亚、澄迈、定安、陵水、琼海、万宁、屯昌、文昌等市、县。在这些佛教资源中，以三亚的南山寺和海上观音最为盛名。南山寺是仿盛唐风格新建的中国南部最大的寺院，它依山傍海，风景迷人，气势恢宏。海上观音像则是目前中国最高的佛像，又因观世音菩萨乃是中国民间最为熟知和信仰的佛教菩萨，因此三亚南海观音声名远播。除此之外，海南琼海的博鳌禅寺也是新建，因博鳌亚洲论坛也颇有盛名，成为中外佛教文化交流的平台。万宁东山岭的潮音寺则是一座历史悠久的寺庙，始建于宋代，明代重建，改名海潮寺，清朝又改名潮音寺，唐朝鉴真和尚东渡途中曾漂流至三亚，并在万宁东山岭说法，从此佛教文化在东山岭生根发芽，流传至今，如今在"潮音寺"旧址尚有完整的方丈洞。其他地方，如海口、澄迈、定安、陵水、屯昌、文昌的佛教寺庙则影响力较弱，在外地游客中名气较低。除此之外，海南省每个市、县都有较多数量的民间佛教寺庙。譬如海口的天宁寺，是宋朝兴建的佛寺，号称"海南第一寺院"，但是现在的天宁寺却沦为民间私庙，少有人知。

其次，海南的道教旅游资源呈现玉蟾宫"一枝独秀"的状态。目前海南道教合法登记的道教宗教场所只有定安文笔峰玉蟾宫，是道教南宗的实际创始人、南宗五祖白玉蟾的最终归隐之所，位于海南北部，与南部的三亚南山寺相呼应，是海南最负盛名的两处宗教文化场所。实际上，海南道教旅游资源非常丰富，遍布海南及周边海岛，海南的妈祖信仰、伏波将军信仰、冼夫人信仰、108兄弟公信仰、水尾圣娘信仰、峻灵公信仰等都给海南增添了众多历史悠久的、独具海南历史文化特色的旅游资源。例如，海口仍存留的伏波将军庙的历史可追溯至宋朝。而海南妈祖信仰自元、明、清以来在海南蔚然成风，据史料记载，明清琼州府13州县均建有妈祖庙，不少历史古庙仍有存留。"在海南岛只要是有港口、码头和商埠的沿海地区就有妈祖庙,数量之多估计已经超过100座。"[1] 近年来,海南妈祖文化颇受重视,吸引了海内外众多同胞和信众,妈祖庆典活动成为民间交流和文化交流的重要活动。冼夫人信仰则是在海南东北部市、县深入民心,"冼夫人文化节"即"军坡节",成为当地民间最大规模的祭祀节日,不少冼夫人庙也是历史文化遗迹。

最后,海南还分布有基督教、天主教、伊斯兰教,但是目前这三种宗教的宗教场所或者宗教文化还没有形成旅游资源。基督教于清朝末年传入海南,至今已有一百多所依法登记的宗教场所,主要分布在海口、万宁、文昌、澄迈、琼海、琼中、儋州、临高等市、县。其中儋州那大基督教堂、琼海嘉积基督教堂、海口基督教堂、府城基督教堂等都已有百年历史,具有时代和文化的底蕴。天主教于明朝末年传入海南,目前主要分布在海口、定安、临高、琼海、文昌等市、县,共9个教堂,目前最大的是海口市的天主教圣心堂。伊斯兰教居民集中在三亚市天涯区羊栏回族地区,现有回辉、回新两个乡信奉伊斯兰教,并建有6座清真寺。

二、海南省宗教旅游的现状及特点

(一)宗教旅游景点景区分布的特点

虽然海南省宗教旅游资源丰富,但是目前成为旅游景点景区的资源并不算多,各地区宗教旅游资源的分布不均,旅游发展水平之间存在着较大的差异。

---

[1] 陈耿.“天后宫”与海南妈祖文化[N].海南日报,2010-05-24.

首先，在地区上分布不均。目前较为游客所知的宗教旅游景点主要分布在三亚、万宁、琼海、海口等市、县。这些市、县多处于东部沿海，与已成熟的东线高速周边旅游路线的开发不无联系。这些地区经济发展水平较高，旅游相关产业发达，宗教旅游开发和后期游客市场都有保证。相比较而言，海南岛中部、西部的宗教旅游资源则开发较少，名气也较弱。

其次，在教派上分布不均。近年来，佛教、道教旅游景点开发力度较高，基督教、天主教、伊斯兰教的旅游资源基本上没有形成旅游景点。其中原因有多方面：一是国内游客中佛教、道教的群众基础广泛，新开发的景点、景区容易拥有足够的游客市场；二是佛教教义中推崇造像弘法，而造像则容易形成新的景点获得经济效益；三是道教本是中国本土宗教，发展受阻力小，而除佛教之外的一些外来宗教由于政治、民族、教义等因素开发阻力较大。

最后，在时间上分布不均。民间信仰中的妈祖文化、冼夫人文化有定期民间组织的盛大活动，活动期间有外地游客参加，形成宗教旅游景点，但活动结束后，活动载体的相关庙宇浏览的游客则很少，并未形成固定的旅游景点并产生持续性经济、文化影响。

（二）宗教旅游景点景区的开发形式及特点

在这些年海南开发的宗教旅游景点景区中，主要的开发形式有三类：第一类是选择风景名胜区全新开发，如三亚的南山文化景区；第二类是扩展开发，即在原有宗教景区的基础上进一步扩大，例如定安玉蟾宫、文昌宏光寺等；第三类是重建开发，某些宗教遗迹由于年代长远而消失，以其名义重建开发，如南山大、小洞天等。

在海南宗教旅游景点景区开发中存在以下特点：一是主要侧重宗教标志物等类型的"观光"性建设，例如108米高的海上观音像、金玉观音、万佛塔等，这些标志物容易形成观光景点，获得经济收入。二是追求与风景名胜的结合，大力度打造大面积景区建设，突显海南滨海风景和绿色生态。三是追求福、寿、长生、养生等文化宣传和开发，例如"福寿南山""长寿谷""养生餐"等。四是企业成为某些景点景区的开发主体，有的寺庙并没有僧众团体生活并主持法事活动。

三、海南省宗教旅游中存在的问题

海南省宗教旅游近年来取得了不少成就，对海南形象打造、经济发展、文化传播都有着积极的作用，但是其中也存在一些不足之处。

（一）佛教、道教旅游景点过度商业化

佛教、道教旅游景点商业化、观光化氛围较重，缺乏深层次、长期性的宗教文化建设。目前，省内宗教景区内的小摊贩、不合理收费、私设功德箱等都得到了较好的治理，但是进入景区，仍然觉得商业氛围较重，景色优美，但是游客宗教文化体验不足。虽然南山市、潮音寺等都有早晚功课、普佛法会、祈福法会、佛教论坛等佛事活动，但是面对信众或游客的讲经说法活动仍然不足，寺院内面对游客开放的免费读经堂、抄经堂、禅修活动等仍缺乏。玉蟾宫景区内也缺乏道士对道教南宗文化的宣传，而是由景区人员介绍太岁等文化引导游客消费。这种商业化、观光化，导致的将是一次性旅游和消费，难以产生文化影响和引导游客再次回顾。

（二）宗教旅游景点管理上存在问题

以南山文化景区为例，六处宗教活动场所，却有七家公司及团体进行管理，其中只有南山寺是属于宗教团体并进行管理的，其他公司及团体并没有法律权利可以对宗教活动场所进行经营并盈利，存在借教敛财的嫌疑，也侵犯损害了佛教和政府的形象和利益。除了南山文化景区，定安普济寺、屯昌西仁寺、屯昌福庆寺也都不是僧团管理。另外，民间一些寺庙的管理，有的是村民自治管理，有的是某些投资者进行管理，其中后者也存在借教敛财的嫌疑。

（三）贫富不均现象客观存在

从海南宗教旅游景点分布来看，存在贫富不均现象。因为目前的开发模式是致力于大景区的开发，因此一些乡镇小庙、城市中缺乏风景的"微型"庙宇都缺乏关注和投资，缺少维修和建设，甚至在地图中都没有显示，外地游客没有渠道获知情况和确切地址。另外，多数市、县的天主教教堂和基督教教堂缺少资金，难以进行景点改造，使宗教旅游资源真正成为宗教旅游景点。

（四）对民间信仰文化的保护、发掘和整理不足

与海南官方道教场所稀少形成对比的是海南民间信仰的丰富，但是对这些民间信仰的文化内涵、民族精神、海岛精神等发掘、整理不足，缺乏有力的组织管理和系统开发，难以产生对外地游客的

文化魅力。

（五）全省性宗教文化旅游规划缺乏，配套设施和服务不足

海南宗教文化旅游缺乏全省规划，目前仍是点式的旅游现象，缺少线式旅游路线，更缺乏面式旅游模块，各宗教文化点除去景点的不同外，缺乏文化层面的差异化和特色化，更没有形成文化的联系。不少宗教旅游点还存在停车难、交通差、标志无、资讯无等问题。

四、对海南宗教旅游中存在问题的原因分析

（一）对宗教旅游的认识不足

随着旅游产业的发展和宗教旅游的兴盛，政府对宗教旅游的重要性有了认识，但是对什么是宗教旅游，以及宗教与旅游的辩证关系以及宗教旅游的文化功能认识不足。

宗教旅游不是单纯的宗教景点的观光旅游，也不是宗教景点的消费旅游，而是宗教信仰旅游和宗教文化旅游。其中宗教信仰旅游主要是指宗教体验和祈福还愿，宗教文化旅游是指观光休闲和文化体验。目前的宗教旅游中，祈福还愿和观光休闲都有，缺乏的是宗教体验和文化体验。为什么一定要有宗教体验和文化体验？这是与宗教旅游的特殊性有关的旅游，作为一种人的高级精神享受，它是人类的"求新、求知、求乐、求闲"心理的满足，其中，求乐、求闲在祈福还愿和观光休闲中都有满足，求新、求知却必须在宗教体验和文化体验中得到满足。一方面是宗教景点宗教文化的载体，同

时也是人类历史文化的载体，可以满足人们的求知欲望；另一方面宗教景点中也必须有宗教体验和文化体验的场所或氛围，使人们获得精神上的新感受，在心灵上获得宁静和净化。

要获得可持续的宗教旅游的发展，需要明白宗教和旅游之间存在的辩证关系，一方面，宗教是文化的重要组成部分，包含了各种人类文明的起源，保持较多宗教神圣性的、充满积极正面力量的宗教文化景点可以成为旅游中的亮点甚至灵魂，而过度世俗化的、带有消极负面力量的宗教文化景点则会阻碍旅游的可持续发展；另一方面，正常、有序的旅游活动可以促进宗教的发展、信徒的增长、奉献的增加、宗教文化理念的传播，而无序、功利化的旅游开发则会损害宗教的可持续发展。

因此，在促进宗教旅游发展时，不能过于看重"开发"及其经济功能，而是要重视"可持续发展"及其文化功能。宗教旅游的文化功能主要有两个方面：一是传播宗教道德文化与和谐文化；二是传承和发展传统历史文化。这些文化功能不是 GDP 上升就可以达到的，也不是看赏心悦目的美丽景色就可以达到的，而是必须在宗教团体和宗教场所自身有了良好的发展和建设中才能提供的。同时，在宗教旅游的文化功能发挥作用时，它对周边的经济发展是有巨大的辐射作用的，宗教文化功能不能产生直接的经济效益，但是通过信徒的增长、奉献的增加、长期性的非一次性的游客的增长、宗教慈善活动的开展和对当地社会的回馈、宗教文化产品的消费、宗教和谐慈善文化对当地社会建设的促进等，宗教文化功能可以产生长期的显明的经济效益。因此，我们有必要扭转认知，宗教旅游的经济功能应该通过文化功能起作用。

（二）对政府职能的认识不足

宗教旅游发展，主体应该是宗教团体，政府应该明确自身职能，在宗教团体发展和宗教场所建设中以引导和服务为主，引导宗教积极与社会主义建设相适应，通过宗教慈善、宗教文化活动等方式回馈社会，在政策法规范围内积极为宗教团体和宗教场所提供政策保障、配套设施建设、法规培训、能力培训等。而不是越俎代庖，参与到宗教景点建设之中，直接参与到宗教场所的发展方向和规划建设等；当然也不能过度避讳，夸大"宗教无小事"，限制和忽视宗教场所的合理发展需求，忽视自身应有的职责，对宗教采取视而不见的态度。

（三）宗教法制建设仍有不足

《宗教事务条例》（以下简称《条例》）自2005年实施至今对当今宗教领域中出现的新情况、新问题出现不适应和相对滞后性，宗教界的权益不能依法获得充分保障，政府也难以做到真正有法可依、有法必依。例如，宗教团体与宗教活动场所的房屋的房地产权属登记办理问题，目前佛教3.3万个宗教活动场所中的大多数尚未办理登记，海南省也有不少佛教寺庙没有办理登记。又如，宗教活动场所的法人地位问题，没有法人身份则不能独立享有民事权利和承担民事义务，不具备完整的民事主体资格，在维护自身权益方面处于被动地位。再有，《条例》在违反《条例》的罚责问题上没有明确规定，缺乏可操作性。除此之外，其他涉及宗教的法律、法规、条例都有必要进行细化和可操作性调整。

五、对海南省宗教旅游可持续发展的建议

（一）以宗教团体为景点发展和文化建设的主体

虽然现在海南基督教、天主教、伊斯兰教的文化旅游发展弱与或慢于佛教和道教，但是基督教、天主教和伊斯兰教却拥有一个优势，那就是没有文物管理部门来干预，也没有某个公司或部门来代为管理，更没有被纳入某个景区被门票限制了游客的进入。

如果要真正促进宗教文化的发展，首先要做到让宗教团体成为景点发展和文化建设的主体。由他们在合法范围内决定宗教活动的内容和形式而不受政府或企业干预、由他们在合法范围内决定景点发展的方向和提供的产品和文化服务、由他们在合法范围内决定经济收入的方式。最后一条，主要是指是否收取景点门票。

景点，严格说来应该是游客一方的称呼，对于宗教团体而言，寺庙、清真寺、教堂、道观等不是景点而是他们修行的场所，是他们的神圣空间，这种神圣空间是宗教所特有的。取消门票收入，是宗教团体自身的要求，自佛教传入中国以来，寺庙就没有向信徒收取门票的传统，寺庙一直依靠庙产、信徒的供奉或农禅来维持寺庙的基本运作。取消门票收入，一是恢复寺庙传统。二是尊重人的信仰尊严，营造神圣空间和敬畏空间，给信徒和有宗教需求的游客提供安静、远离喧嚣、与世俗化隔离的超越空间，获得心灵的沉淀。三是有助于提升佛教、道教的神圣化、非世俗化的正面形象，提高受众基础，基督教、天主教的教堂便是免费向所有公众开放。

当然，取消门票问题针对海南实际情况需要进行分类区别，在已经进行景观开发的场所，譬如南山文化景区、东山岭文化景区，由于宗教场所处于大景观范围里面，景观建设有社会和商业资金的投入，宗教场所不可能拥有足够资金支付前期建设投入，也不可能把景观范围全部纳入宗教场所的房地产，因此，宗教场所没有取消门票的权利，政府也不能强制取缔。在这种情况下，宗教场所如果要发挥宗教正面积极形象，成为宗教旅游中的主体，要做到"三减少、三增加"。一是要积极与企业和社会团体进行沟通，尽量减少新的商业开发，减少景观里面的商业活动和摊贩售卖，减少打着宗教名义和宗教旗帜的商品和服务消费；二是要增加宗教文化传播活动和体验活动，增加宗教公益慈善的活动和组织，增加宗教团体人士与普通信徒、游客的面对面的讲经说法和答疑解惑。

对于正在开发和尚未开发的宗教场所，则可以提倡"三零"理念。这一理念是由厦门南普陀寺在全国佛教寺院中首倡的，其内容：一是零经济、不主动向信众收钱；二是零商业、不参与任何具有商业色彩的活动；三是零门槛、不给信众设置信仰门槛。2011年，南普陀寺正式实行免票入寺，2013年湖南有29家寺院取消了门票，迄今为止，全国已有不少历史名寺都取消了门票。现在许多有识之士都在提倡"去门票化，去文物化，去旅游化、去娱乐化"，以此求得宗教场所神圣性的还原，这种努力正在获得来自国家层面的肯定和回应。海南宗教景点的建设和发展，如果要执行"三零"理念，存在几点困难：一是一些微小型的寺庙和道观知名度不够高，缺乏足够资金和人才进行自身建设和开发，难以形成"旅游效应"吸引外地游客；二是一些寺庙和道观没有宗教团体入驻，也没有进行场所登记,从管理到发展都缺乏真正的主体,有的庙观私设"香火箱"成为借教敛财的场所;三是缺乏当地政府的重视和支持。

(二)摆正认识,明确政府在宗教旅游中的作用

正如上面所说,海南宗教旅游的建设和发展,尤其是"去门票化、去文物化、去旅游化、去娱乐化",真正做到以宗教团体为景点发展和文化建设的主体,离不开政府的重视和支持。但是,政府应该意识到自身所应该具有的职能和作用。

首先,建议政府在不干预、不代劳宗教活动场所建设发展的前提下,为宗教活动场所的文化旅游发展提供充分贴心、舒适的配套服务和政策优惠,使海南宗教景点的分布和发展不均衡的现象得到缓解。例如,在城市发展规划中,对宗教场所周边地区进行有效控制规划,留有足够的停车休息、生态绿化等用地,避免其他企业和团体侵占宗教团体利益,避免娱乐城、KTV等娱乐商业场所在宗教场所周边建设。再有,帮助经济较为弱势的宗教场所免费进行景点周边道路、停车场、标识、绿化等方面的建设,在交通线路的打造、公交车辆的投入、站牌站点的建设、咨询台的建设、公路标志的建设等方面提供应有的服务,在水电、网络等方面提供优惠和帮助。另外,还应该帮助宗教团体解决生活、社保、医保、入学等方面的问题,为教职人员解决后顾之忧,使他们把全部精力都投入到宗教发展之中。

其次,政府除了提供服务之外,还应该担当引导的职能。一是要开展宗教政策、宗教自身建设、现代管理理念等方面的培训,引导宗教团体更快更好地适应时代的变化,引导宗教团体建设和谐教

团，完善宗教管理制度，健全财务管理制度等，树立良好的宗教形象，担当和谐社会建设、文化传承和文化传播的责任。二是要引导宗教旅游景点以文化影响力和宗教服务提升周边文化旅游圈的层次和魅力为主，不要追求宗教旅游产品的开发，不要求宗教旅游景点直接创造经济利益，把宗教旅游景点当成为游客提供的配套服务设施之一，为游客提供有精神放松空间和心灵宁静空间的高品质文化旅游体验。三是要引导宗教团体积极开展宗教慈善活动，回馈社会，服务大众，建立起宗教正面积极的形象。

再次，建议政府应该开展海南省宗教文化旅游资源普查，保护濒临灭绝的宗教文化遗产，维修遭到破坏的珍贵文化遗产，建立海南省宗教文化资源（包括民间信仰）评定标准和维修标准，由市、县、乡、镇、村提交申请，按照评定标准建立宗教文化资源库并拨付资金维护，所有入库资源都可以纳入海南省宗教文化旅游地图，从而获得政府提供的旅游宣传。

最后，建议政府出资请专家团队打造一张精心设计的宗教文化旅游地图，将海南宗教文化景点串点成面，设计几条文化线路或几片文化圈，将妈祖文化、冼夫人文化、孔庙、佛教寺庙、道教宫观、基督教教堂等具有历史建筑和文化特色、信众较多的宗教场所全部包含于文化圈中。

（三）进一步完善宗教法制建设

2015年，国家宗教事务局开始推动《宗教事务条例》的修订，政协、各宗教团体、专家学者、各界社会人士都积极致力于完善宗教法制的建设。2017年8月26日，国务院总理李克强签署国务院第

686 号令，2017 年 9 月 7 日公布了新修订的《宗教事务条例》（以下简称《条例》），新修订的《条例》将于 2018 年 2 月 1 日起施行。新修订的《条例》新增加 2 章，新增了 29 条，共 9 章 77 条。《条例》全面贯彻 2016 年全国宗教工作会议精神，特别是习近平总书记关于宗教工作的新思想、新观点、新要求，坚持以问题为导向，重点对宗教界反映强烈、社会普遍关注、工作中亟须解决的问题做出明确规定。当然，《条例》的修订只是第一步，下一步海南要根据新修订的《宗教事务条例》，修订海南地方性宗教法规和政府规章，指导各宗教团体修订、完善规章制度，研究制定宗教团体建设、宗教活动场所管理的规范性文件。政府部门要将《条例》作为培训宗教工作"三支队伍"的重要内容，通过多种媒体大力宣传新修订的《条例》，帮助社会各界熟悉、了解新修订《条例》的主要内容，为实施新修订《条例》营造良好的社会氛围。在法治社会，宗教事务的管理最终要以法治来解决，要真正达到依法治理宗教事务，切实维护宗教界合法权益，完善宗教法制建设的努力任重而道远。

（本文原载《新东方》2017 年第 5 期）